Maier · Anton Bruckner

Elisabeth Maier

Anton Bruckner

Stationen eines Lebens

Unter Mitarbeit von
Renate Grasberger

Mit einem Essay von
Wolfgang Winkler

LANDESVERLAG
EHRENWIRTH

Für die Unterstützung bei der Produktion dieses Buches danken wir

OÖ KULTUR

LINZER KULTURAMT

Die Deutsche Bibliothek – CIP Einheitsaufnahme

Maier, Elisabeth:
Anton Bruckner: Stationen eines Lebens / Elisabeth Maier. Unter Mitarbeit von Renate Grasberger und Wolfgang Winkler.

Koproduktion mit Ehrenwirth Verlag, München

1. Auflage (1996)
Gedruckt in Österreich
Lektorat: Johann Schnellinger, Linz
Umschlaggestaltung: Germana Kolmhofer, Hartkirchen
Umbruch: Maria Pasch, Linz
Satz und Repro: Manfred Prehofer, Alkoven
Druck und Bindung: LANDESVERLAG Druckservice Linz

ISBN 3-85214-654-2 (Landesverlag)
ISBN 3-431-03449-7 (Ehrenwirth)

Inhalt

Vorwort

Eine der schönsten Medaillen, die 1924 zu Anton Bruckners 100. Geburtstag geprägt wurden – sie stammt von Josef Tautenhayn jun. – trägt auf der Rückseite eine Ansicht des Stiftes St. Florian und darunter die Worte „HINC EVOLAVI – HIC REQUIEVI“: „Von hier schwang ich mich empor – hier kam ich zur Ruhe.“

Unsere Zeit ist karger geworden, scheuer im Umgang mit großen Worten. Dennoch ist die Arbeit des Biographen seit jeher ein Unternehmen, das früher oder später weit über alle Fakten und Dokumente hinaus zu fundamentalen und prinzipiellen Fragen vorstoßen will – oder sich vielmehr unausweichlich vor sie gestellt sieht: der Frage nach der Entwicklung des Schöpferischen etwa, oder der Frage der Verbindung, ja der gegenseitigen Bedingtheit von Persönlichkeit und Werk.

Nach einer Kindheit und Jugend in kleinen Orten Oberösterreichs, nach der Ausbildung zum Schullehrer und jahrelangem Dienst im erlernten Brotberuf wagt Bruckner den Sprung zum Berufsmusiker als Dom- und Stadtpfarrorganist in Linz. Bald zeichnet sich eine Karriere als Organist und Kirchenmusiker ab. Doch fast gleichzeitig mit dem Erreichen seiner letzten, größten „Lebens-Station“, der Residenzstadt Wien, wird ihm auch der Durchbruch zur eigentlichen Berufung zuteil, zum „Lebensberuf als Symphoniker“. Fortan werden sich die Stationen gleichsam nach innen verlegen, in das symphonische Werk selbst, das als ein geheimnisvoller Organismus in sich in Bewegung bleibt, im einzelnen Element jederzeit bereit, auf eine nächsthöhere Stufe künstlerischer Erkenntnis angehoben zu werden.

Versuchen wir, die „Stationen eines Lebens“, des Lebens Anton Bruckners, nachzuzeichnen, so werden wir Zeugen eines Weges von unbeirrbarer Konsequenz, eines Weges nicht nur in äußerlicher, geographischer und sozialer Bedeutung, sondern auch eines Weges künstlerischen Wachstums, das in unvergleichlicher Souveränität weitaus mehr dieses Leben bestimmte, als es von ihm bestimmt wurde. Mit seiner Bitte, ihm eine Ruhestätte unter der großen Orgel der Stiftskirche in St. Florian zu gewähren, hat sich der Kreis geschlossen, hat sich der Mensch und Künstler in seinen Ursprung eingeborgen: „HINC EVOLAVI – HIC REQUIEVI“.

Ansfelden und Hörsching (1824-1837)

Eine Idylle?

„Vor den Zimmerchen, in denen er aufwuchs, erstreckte sich bis zur Bank über dem Rande des munter rieselnden Dorfbaches ein kleines, wohlgepflegtes Gemüsegärtchen. Rebenumsponnen, von Lindenwipfel-Wehn umfächelt guckte das Lehrerhäuschen versonnen hervor aus Rosen und Reseden, Rittersporn und Sonnenblumen. Zwischen diesen Beeten, die mit knallbunten Glaskugeln geschmückt waren, in denen das Flirren des Tages sich spiegelte, tollte, gekost und umflüstert vom Finden und Fliehen der Düfte und Blüten, das Kindlein am liebsten. Dort suchte sein Händchen das Sonnenlicht zu haschen."[1]

(Beschreibung der frühen Jugend Anton Bruckners.)

F. Kulstrunk: „Ansfelden: Kirche und Schulhaus". Aquarell, 1927.

Dem Besucher, der heute die Stiegen zu der auf einem kleinen Hügel inmitten des Ortes gelegenen Kirche von Ansfelden hinaufsteigt, bietet sich das Ensemble von Kirche, Friedhof und Schulhaus als eine fast perfekte Idylle an. Betritt man die Kirche, so überrascht die Qualität des (früher Altomonte zugeschriebenen) Hochaltarbildes. An ihr ist abzulesen, wie sehr die Nähe des Stiftes St. Florian und dessen geistige Dominanz das Umland prägten. Überrascht ist man auch von der repräsentativen Großzügigkeit des Pfarrhofes mit seinen Arkadengängen und der prunkvollen Stuckdecke im Saal des Obergeschoßes: Dieses Gebäude, in dem sich der ländliche Typus des Bauerngehöftes mit höfischer barocker Repräsentation glücklich mischen, wurde vom Florianer Stiftsbaumeister Carlo Antonio Carlone als Alterssitz für Propst Matthäus von Weißenberg (Amtszeit 1689–1700) erbaut, der jedoch starb, noch bevor er sein Refugium beziehen konnte.
In dieser Nähe von Kirche und Schule klingt auch schon das bestimmende Motiv des Milieus an, von dem Kindheit und Jugend Anton Bruckners geprägt wurden. Nach der geltenden Schulordnung waren der Schul- und Kirchendienst gekoppelt, das heißt, daß das Erziehungswesen der Sorge und Aufsicht der Kirche anvertraut war. Diese Verbindung zeigte sich besonders in der Tatsache, daß die Lehrer gleichzeitig den Dienst als Mesner zu versehen und für die gesamte Kirchenmusik zu sorgen hatten. Das sah in der Praxis so aus, daß der Lehrer einem kleinen „Dorfkonservatorium" vorstand, nicht nur als Organist und Dirigent bei den sonntäglichen Ämtern, sondern daß er in einer Person auch Chorerzieher und -leiter war, Noten abschrieb, die instrumentale Besetzung für die örtlichen Möglichkeiten arrangierte und häufig auch selbst komponierte. Die Musik hatte also im Dasein der Lehrer ihren festen und unverrückbaren Platz.
In dieses musikalisch schon vorbestimmte Milieu hinein wurde Anton Joseph Bruckner am 4. September 1824 um 4.15 Uhr früh als erstes Kind des Schullehrers Anton Bruckner (1791–1837) und seiner Frau Theresia, geb. Helm (1801–1860), geboren und noch am selben Tag um 5 Uhr nachmittags getauft. In der Familie des Vaters waren die Berufe Schullehrer, Binder, Gastwirt, Gärtner, Mühlsteinbrecher, Bauer, Hafner und Schlosser vertreten, in jener der Mutter die Berufe Gastwirt, Amtsverwalter, Messerer und Hammerschmied. Anton Bruckner sen. wird als „seelenheiterer Mann von herzerfreuender Gutmütigkeit und voll heißen Dranges nach hohen Zielen" sowie voll naiver Sorglosigkeit beschrieben. Anderen Erinnerungen zufolge war er

A. Greil: „Ländlicher Kirchenchor". Aquarell, 1873.

aufbrausend, jedoch schnell wieder zu versöhnen. Er hatte im Juni 1823 um die aus Ansfelden gebürtige Julie Hartung (1802–1860), die Tochter eines Chirurgen und Wundarztes, geworben, nach der Ablehnung seines Antrages aber sehr rasch – am 30. September 1823 – die als „schönes Frauenzimmer" beschriebene und mit einer prächtigen Singstimme begabte, jedoch schwermütige Wirtschafterin des Pfarrers von Wolfern, Theresia Helm, geheiratet. Die Ehen wurden damals zumeist nüchternen Sinnes und aus primär praktischen Überlegungen eingegangen. Dies erklärt zum größten Teil den raschen Sinneswandel des abgewiesenen Freiers. Damit soll aber keineswegs gesagt werden, daß echte Sympathie und Zuneigung bei den damals geschlossenen Heiraten nicht im Spiel waren: Sie wuchsen und bewährten sich in dem gemeinsam zu bewältigenden schweren Alltag. Die junge Lehrersfrau gebar in rascher Folge elf Kinder, von denen jedoch nur fünf am Leben blieben: Außer Anton, dem Erstgeborenen, waren dies das fünfte (Rosalia, * 17. Februar 1829), sechste (Josepha, * 13. März 1830), neunte (Ignaz, * 14. September 1833) und elfte Kind (Maria Anna, * 27. Juni 1836). Alle anderen Geschwister wurden von Schwäche, Keuchhusten, Halsgeschwüren oder Fraisen dahingerafft.

„Von meinem Bruder weis ich gar nichts – er hat sich mit mir nicht gespilt, – er hatte größere Buben als mich. Wie Er öfters erzält habe, ist er mit die Buben Räuberspielen in die Auen gegangen. Ihn haben sie immer Gefangen genommen und habe er dan hinteric (hinter-rüchs) Stockstreiche bekommen. Er hatte aber immer eine recht gefligte Hosen angezogen, damit er nichts gespirt hat. Das hat ihm recht gefreut, wen sie sich recht geblagt haben u. Er nichts gespiert hat."[2]

(Ignaz Bruckner an Anton Bruckners Biographen August Göllerich, St. Florian, 11. März 1901.)

Der Lehrer hatte damals eine recht zwiespältige soziale Stellung. Einerseits gehörte er mit dem Pfarrer und dem Arzt (oder Wundarzt, d. h. Bader) des Ortes der gebildeten Klasse an, andererseits war seine materielle Lage derart schlecht, daß er sich ständig auf einer Gratwanderung zwischen Ansehen und Illegalität bewegen mußte: Nach der damals geltenden Schulordnung war es den – aus den oben geschilderten Gründen fast ausnahmslos musikalischen – Lehrern streng untersagt, abends in Wirtshäusern zum Tanz aufzuspielen. Fast ebenso ausnahmslos nützten die Lehrer jedoch die Gelegenheit, ihr karges Einkommen auf diese Art aufzubessern. Nicht selten hielten sich die von der Doppelbelastung des Schul- und Kirchendienstes Erschöpften beim „Tanzlgeig'n" mit Branntwein wach, Trunksucht oder die damalige sprichwörtliche „Lehrerkrankheit" Tuberkulose waren häufig die Folge.
Anton Bruckner sen. konnte aber seine Tätigkeit in gesicherten finanziellen Verhältnissen beginnen, hatte ihm doch sein Vater – ebenfalls Schulmeister in Ansfelden – nicht nur keine Schulden, sondern sogar einen kleinen Geldbetrag, ca. 220 Gulden, hinterlassen. Der junge Lehrer versah seinen Dienst an den rund 200 Schulkindern mit pädagogischem Geschick und Freundlichkeit. Jedoch sehr bald schon ging es der Lehrersfamilie finanziell schlechter: Die schleichende „Lehrerkrankheit" machte sich beim Vater immer stärker bemerkbar; viel Geld ging besonders in den letzten Jahren für die notwendigen Arztrechnungen und Ausgaben für Vertretungen auf, da es nun nicht mehr genügte, daß der älteste Sohn Anton fallweise die Kinder beaufsichtigte; ein regulärer Gehilfe wurde bestellt und mußte bezahlt werden.

Stube in A. Bruckners Elternhaus (Einrichtung rekonstruiert).

Im April 1837 verschlechterte sich der Zustand des Vaters rapid, die Hoffnung auf seine Genesung schwand. Anton, der als Ministrant den Pfarrer auch auf Versehgängen zu begleiten hatte, brach am Sterbebett des Vaters ohnmächtig zusammen. In den Matriken der Pfarre Ansfelden ist für den 7. Juni 1837 das Hinscheiden des Lehrers Anton Bruckner an „Lungensucht und Auszehrung" vermerkt; anderen Berichten – vielleicht sogar den Erinnerungen des Komponisten – zufolge starb Vater Bruckner an den Folgen übermäßigen Bier- und Branntweingenusses beim „Tanzlgeig'n", an Nervenfieber und an einer Lungenentzündung.

„Ich war noch nicht ganz 4 Jahr alt u. kan mich doch noch erinnern als wen es heute wäre. Von unsern Vater, wie Er noch gesund war, weis ich nichts. Aber wie Er Krank war, einmahl wie er mich angeredet hat bey meinen Nahmen – ich bin davon gelaufen – einmahl, wie er in Bett lag ...
Die Mutter hat gesagt, der Vater war ganz so, wie der Herr Bruder. In spätheren Jahren ist der Bruder fester gewesen.

Wie der Vater Tod war, hat er eine schwarze Sutan (Soutane) angehabt und schwarze Schlafhaube.
Die Musig hat mir gefallen. Da habe ich gelacht. Die Todengräberin sagte zu mir: Du mußt nicht lachen, es ist ja Dein Vater gestorben.
Die Toden-Zehrung (Leichen-Schmaus) weis ich sehr gut noch. Es war in einen Fasttag, da hatten wir einen Griesschmarrn. Sunst hätts a Rindfleisch mit an Semmel-Kren geb'n und an Weinbeerl Reis dazua!"[3]

(Ignaz Bruckner erinnert sich an den Tod seines Vaters.)

Die Lehrerswitwe Theresia hatte keine Zeit, ihrer Trauer nachzuhängen: Binnen zweier Wochen mußte die Dienstwohnung geräumt und dem neuen Lehrer Platz geschaffen werden. Noch am Todestag ihres Mannes ging sie voll praktischer Entschlossenheit mit ihrem Ältesten nach St. Florian und bat den damaligen Propst, Prälat Michael Arneth, den Dreizehnjährigen trotz des nahenden Stimmbruchs als Sängerknaben aufzunehmen. Arneths Mitleid mit der Lehrersfrau, die fünf unversorgte Kinder hatte und, wie sie angab, möglicherweise noch ein weiteres unter dem Herzen trug, ließen ihn unverzüglich zustimmen. In diesem Moment (und vielleicht in einer Eingebung von plötzlicher Hellsichtigkeit) – wohl ohne daß es einem der Beteiligten in seiner ganzen Tragweite klar war – nahm der Prälat eine jener bestimmenden Weichenstellungen im Leben des späteren Genies vor, von denen es in Zukunft gekennzeichnet sein sollte.
Nun konnte Theresia Bruckner ein wenig aufatmen: Die Zukunft ihres Ältesten schien fürs erste gesichert. So schickte sie ihn für den Rest des Sommers zu seinem älteren Cousin Johann Baptist Weiß, der im nahe gelegenen Hörsching ebenfalls als Schullehrer wirkte. Sie selbst machte sich mit ihren anderen vier Kindern, der blinden Schwägerin und der kärglichen Habe, die auf einem Leiterwagen Platz hatte, auf den Weg nach Ebelsberg bei Linz, wo sie eine Bleibe und Arbeit als „Helferin" (d. h. Wäscherin und aushilfsweise Dienstmagd) fand.

„,Zum Glück hatte der Vater auf ihr Zureden noch rechtzeitig in den Witwenfond des Lehrer-Versorgungsvereines in Linz eingezahlt', aus dem sie jetzt als Witwe pro Woche ,13 Kreuzer Münz' bezog. Von der Pfarre Ansfelden erhielt sie nunmehr 8 Kreuzer, ferner für Ignaz 3 Kreuzer bis zu seinem 13. Jahr, ,für jed's von die drei Mad'ln' aber ,bis zu ihr'n 12. Jahr zwei Kreu-

zer wöchentliche Unterstützung'."[4] (Die insgesamt 30 Kreuzer wöchentlich haben einen heutigen Wert von etwa 85 Schilling.)

(Ignaz Bruckners Erinnerungen.)

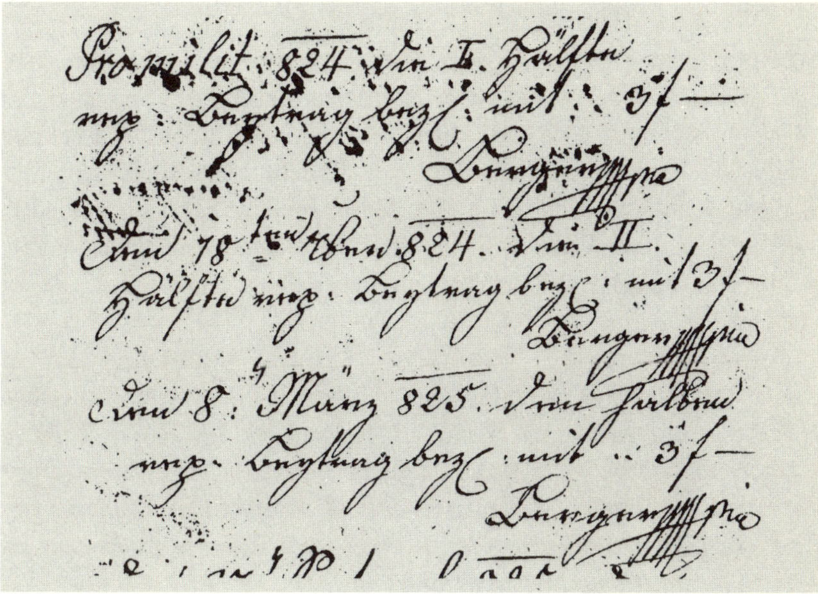

A. Bruckner sen.: Einzahlungsbuch des Pensionsinstitutes.

Musikalisches Erwachen

„Bald war der munter Aufgeweckte der besondere Liebling des Herrn Pfarrers Joseph Grabmer und nirgends ging fortan Tonerl lieber hin als zu ihm, dem er schon mit vier Jahren oft nach dem Essen auf einer kleinen roten Kindergeige vorspielen durfte, um dafür Obst zu bekommen ... So oft der Junge die weiten Hallen des stillen Pfarrhofes betreten durfte, durchzogen ihn feierliche Gefühle. Gesteigerte Andachtsregungen aber durchwogten die fromme Seele des Erwachenden, wenn er den Vater musizieren hörte oder im nahen, prächtigen Dome von St. Florian den Klängen der mächtigen Orgel lauschen durfte ... Seit der Zauber festlicher Gottesdienste des Knaben Seele umwoben hatte, wurde er nicht müde, sich selbst ‚Altäre und heilige Gräber' zu bauen und sie immer reicher zu schmücken. Oft und gerne versuchte er,

alle möglichen Geräte erklimmend, von Höhen herab ‚Predigt zu halt'n'. Einmal fiel er bei solcher von einem Schrank herunter und erhielt dafür besonders unvergeßliche Prügel."[5]

(Über die ersten liturgischen und musikalischen Eindrücke Antons.)

Schon früh hatte sich beim ältesten Sohn des Ansfeldner Lehrers Bruckner eine große Musikalität gezeigt, die zunächst jedoch gar nichts Sensationelles an sich hatte, waren doch alle Lehrer, so auch Vater Bruckner, musikalisch gebildet und gaben ihre Kenntnisse den Kindern weiter. Bei Anton entwickelte sich die Sensibilität für alles Musikalische jedoch ganz besonders auffallend, und der Vater tat fortan alles, um diese Begabung zu fördern. Bald schon versuchte sich das Kind im Singen und spielte Violine, Klavier und Orgel.

„In Ansfelden gab's zu dieser Zeit am Chore nur ‚Winseln' (Violinen), ‚süaße Hölzeln' (Klarinetten), ‚alt' Ahnln' (Baßgeigen) und als Höchstes nur ‚a Gurk'n' (ein Horn). Am Fronleichnamstage jedoch ließ der Vater, der für Trompeten schwärmte, jedes Jahr einen Paukisten und zwei Trompeter aus Linz kommen. Das bedeutete jedesmal ein Fest für Tonerl, der schon damals mit den Trompeten gut Freund werden sollte.
Das musikalische Können des Jungen war bald allgemein bekannt und ein bäuerlicher Altersgenosse wußte von ihm nur zu bestätigen: ‚Liad'ln hat er viel g'wußt und allweil was pfiff'n, was ma net kennt hat!'"[6]

Der Ansfeldner Schullehrer hatte vermutlich geahnt, daß in seinem Sohn etwas steckte, das die Maße einer üblichen Begabung überschritt. So schickte er den Knaben im Frühjahr 1835 ins nahe gelegene Hörsching zum dortigen Schullehrer Joseph Weiß (1772–1850) und zu dessen Sohn Johann Baptist (1813–1850). Zur Familie Weiß, in der Musik eine große Rolle spielte (Anton, ein Bruder Josephs, war ein berühmter Organist des Stiftes Wilhering), gab es enge familiäre Bande: Josepha Bruckner, die Schwester Anton Bruckners sen., hatte den Hörschinger Schulmeister Joseph Weiß geheiratet. Der Ehe entsprossen zahlreiche Kinder, die somit Cousins und Cousinen Anton Bruckners jun. waren. Johann Baptist Weiß, das neunte Kind des Hörschinger Lehrers, war Antons Pate bei der Firmung, die dieser am 1. Juni 1833 in Linz empfing.

Anton hing an Johann Baptist, der ihn sehr ins Herz geschlossen hatte und ihn seinen „Prinzen Schnudi“ nannte. Der junge Schulgehilfe war ein ausgezeichneter Organist und glühend begeistert von den Werken der Wiener Klassiker, beherrschte mehrere große Oratorien und Messen (darunter Haydns *Schöpfung* und *Die Jahreszeiten*) auswendig am Klavier und komponierte selbst.

Johann Baptist Weiß kann wohl menschlich und musikalisch als eine Schlüsselfigur im Leben des jungen Bruckner gelten. Er steht stellvertretend für die Allgegenwart der großen Musiktradition, die sich selbst in den kleinsten Orten begeisterte Jünger schuf; gleichzeitig überragte Weiß den Durchschnitt beträchtlich und war gewiß der beste aller erreichbaren Lehrer, an die Anton geraten konnte. Hier setzten die systematischen Musikstudien Anton Bruckners ein, die bis zu seinem 41. Lebensjahr dauern sollten – ein in der Musikgeschichte wohl einzigartiger Ausbildungsgang! Als Vorlage für diese Studien wählte Weiß neben seinen eigenen Werken solche von Joseph und Michael Haydn, Wolfgang Amadeus Mozart, Anselm Hüttenbrenner, Georg Friedrich Händel, Johann Sebastian Bach und Johann Georg Albrechtsberger.

Ergebnisse dieses Unterrichts waren nicht nur „Anfangsgründe in Orgel- und Generalbaßspiel“, wie sich der große Komponist im Alter erinnerte, sondern

Hörsching: Das alte Schulhaus.

auch erste kleine Kompositionen, Orgelpräludien (WAB 127 und 128), deren Echtheit jedoch von manchen Musikforschern angezweifelt wird.
Die glückliche Zeit in Hörsching, die durch die Begegnung des Knaben mit einem jungen, begeisterten und begeisternden Musiker ganz entscheidenden Grund gelegt hatte zum Werden des späteren großen Komponisten, endete plötzlich und kummervoll: Vater Bruckner war erkrankt und benötigte seinen Sohn dringend als Hilfe in Schule und Haus. Die unbeschwerte Zeit des „Prinzen Schnudi“ war endgültig vorbei. Als Anton nach dem Tod des Vaters im Sommer 1837 wieder für einige Wochen nach Hörsching kam, wird er wohl das Gelernte nochmals gefestigt haben. Die Weichen in eine noch ausdrücklichere musikalische Zukunft waren jedoch schon gestellt: Im Herbst 1837 trat Anton seinen Dienst als Sängerknabe in St. Florian an.
Seines Vetters Johann Baptist Weiß gedachte Bruckner zeitlebens in Dankbarkeit, aber auch in Trauer: Mit knapp 37 Jahren verübte der Hörschinger Organist und Lehrer auf dem Friedhof seines Heimatortes Selbstmord durch Erschießen, da man ihm fälschlicherweise einen Fehlbetrag in einer übernommenen Vereinskasse zur Last legte.

St. Florian 1 (1837-1840)

„Als einer der bemerkenswertesten Züge in Anton Bruckners Tonsprache hat man seit jeher ihre Hinneigung zu großen und weiten Gebilden festgestellt. Sowohl auf melodischem Gebiet wie auf dem der Akkorde und der harmonischen Fortschreitungen, nicht minder aber auch in der zeitlichen Ausdehnung, in der Größe, in der Form hat man Dimensionen hinnehmen müssen, die schlechthin ungewöhnlich sind. Darin ist einer der Gründe zu suchen, warum Bruckners Musik so lange brauchte, um sich ‚durchzusetzen'." [7]

(Leopold Nowak.)

Selbst für einen auf barocken Prunk und Glanz vorbereiteten heutigen Besucher ist der erste Eindruck des Stiftes St. Florian ein überwältigender. Wie sehr mag so viel Schönheit erst das aufnahmsbereite und sensible Gemüt des Heranwachsenden beeindruckt und bewegt haben! Zwar hatte Anton, so berichtet sein Biograph, noch mit seinem Vater vereinzelt Gottesdienste in der Stiftskirche besucht, nun war er jedoch nicht mehr nur das andächtig staunende Kind in der Kirchenbank, sondern die enormen Dimensionen des Stiftes, die Gänge, die Säle: das waren Dimensionen, die plötzlich durchschritten werden mußten, erfahrbar und erlebbar wurden, die den Atem weiteten, auch jenen des Geistes.
Die wirklich entscheidenden Wendungen und Weichenstellungen im Leben Anton Bruckners haben sich – sehr zum Leidwesen der Biographen – in aller Selbstverständlichkeit, als etwas sich natürlich Ergebendes, seine ganze Tragweite erst viel später Offenbarendes, also gänzlich Unspektakuläres ereignet. So auch jetzt: Anton fand, wie die anderen beiden Sängerknaben auch, Aufnahme im Schulhaus, in der Familie des Lehrers Michael Bogner, besuchte die dritte Klasse der Volksschule des Ortes und studierte mit Bogner das musikalische Repertoire ein, das der Regenschori des Stiftes, Eduard Kurz (ein Schüler Johann Georg Albrechtsbergers), jeden Montag überbrachte. Er hatte regelmäßige Gesangsübungen bei dem Lehrer, Baßsänger und Kirchenkomponisten Franz Raab zu absolvieren und lernte Violine zunächst bei Raab, dann bei Franz Gruber (einem Schüler des Beethoven-Freundes Schuppanzigh). In der Schule führte er sich tadellos auf, lernte

mühelos und rasch, war jedoch kein Stubenhocker, sondern ein lebhaftes, fröhliches, schlagfertiges und kontaktfreudiges Kind.

„Infolge seiner Gesangs- und Orgelleistungen durfte der ältere Tonerl unter den Sängerknaben Bogners – es waren außer ihm der ausgezeichnete Sopransänger Karl Seiberl ... und der Altist Anton Haus ... – bald eine Art Ausnahmestellung einnehmen, so daß er es sich ruhig gefallen ließ, daß der jüngere Seiberl, um sich bei ihm in Gunst zu setzen, jeden Tag seine Stiefel nicht nur oben, sondern auch an den Sohlen ‚wichste' ...
Eine Eigentümlichkeit Bruckners war es schon damals, die Sonderart origineller Persönlichkeiten seiner Umgebung mit treffend schlagkräftigen Spitznamen zu kennzeichnen ...“ [8]

(Aus der Sängerknabenzeit Bruckners.)

„Diese herrliche Orgel wird nur an den höchsten Festtagen oder wenn hochgestellte Fremde die prächtige große Stiftskirche ... besuchen, gespielt und ihre Wirkung ist, wenn sie von dem dortigen kunstsinnigen Organisten behandelt wird, eine äußerst imposante, wahrhaft erhabene ...“ [9]

(Zeitgenössischer Bericht.)

Der „dortige kunstsinnige Organist“ war Anton Kattinger (1798–1852), dessen Stärke, zeitgenössischen Berichten zufolge, vor allem die Improvisation gewesen sein muß. Man nannte ihn den „Beethoven der Orgel“, und seine Beherrschung des herrlichen Instrumentes, einer Schöpfung des berühmten Orgelbauers Franz Xaver Chrismann (1726–1795), entfachte die volle Begeisterungsfähigkeit des Halbwüchsigen, der fortan seinen ganzen Eifer dem systematischen Unterricht bei Kattinger zuwandte.

„Jetzt gib i dem Sakra allweil auf der Violin Unterricht und auf einmal is a Organist draus worn.“ [10]

(Stoßseufzer von Bruckners Violinlehrer Franz Gruber.)

Neben praktischer technischer Ausbildung im Orgelspiel regte Kattingers solides Können Bruckner auch zu eigenen Harmonielehre- und Generalbaßstudien an. Überdies wurde Anton immer öfter als Organist in den sonntäglichen Messen eingesetzt. Er lernte so durch theoretische Studien und

Stift St. Florian: Haupteingang.

Stift St. Florian: Stiegenaufgang.

praktische Anwendung das zeitübliche kirchenmusikalische Repertoire kennen, das Werke des Barock (Caldara, Händel, Predieri, G. Reutter d. J.) und der Klassik im weitesten Sinn (neben J. Haydn und W. A. Mozart auch solche von Albrechtsberger, Aumann, Brixi, Diabelli, Eybler, M. Haydn, L. Mozart, Müller, Preindl, Schiedermair, Sechter, Seyfried, Stadler, Süßmayr und Vanhal) umfaßte. Während Bruckners erstem Aufenthalt in St. Florian gelangten zwar nur drei Werke Schuberts (eine Messe, ein Offertorium und ein Tantum ergo) in der Kirche zur Aufführung, vielleicht hatte jedoch die große Sammlung „weltlicher" Schubert-Werke in der Notenbibliothek des Stiftes Bruckners Aufmerksamkeit auf sich gezogen. Als der noch nicht Sechzehnjährige St. Florian verließ, hatte er jedenfalls gegenüber seinen Alterskollegen einen enormen Vorsprung an musikalischer Bildung und Routine.

„Schnell erregten Fähigkeiten und Fleiß des aufgeweckten, artigen Jungen die Aufmerksamkeit des Prälaten, der ihn gerne um sich sah und oft zu kleinen persönlichen Diensten heranzog.
Eines Tages, da Bruckner, während er ihm die Schuhe anziehen durfte, vor

ihm kniete, frug er ihn: ‚Na, Tonerl, sag, was willst denn eigentli werd'n, a geistlicher Herr oder a Schulmoasta wia dei Vater? – oder möch'st am End' gar studier'n?' ‚Aus kindlicher Anhänglichkeit' antwortete der Knabe ohne viel Bedenken: ‚Wia der Vater!'
Damit hatte, da auch die Mutter mit dieser Wahl sich einverstanden erklärte, seine Pietät über das fernere Leben entschieden und die jetzt aufgetauchte Knaben-Neigung ‚a Mal a Kapellmeister z' werd'n', um so leichter besiegt, als ihn sein Mütterlein ob solch ‚hochfahrenden Planes' schelten zu müssen glaubte."[11]

Diese Entscheidung hat Bruckner, so wird berichtet, später oft bereut. Er machte seiner Mutter bittere Vorwürfe, daß sie ihn nicht dazu bewogen hatte, ein Studium zu wählen. Noch 1885 erwähnte er wehmütig, daß, hätte er studiert, er nun wohl ein gutsituierter Pfarrer irgendwo in Oberösterreich wäre. Diese so nüchtern kalkulierende Aussage berührt uns – gestehen wir es offen – unangenehm, bringt sie doch die Frage nach einer geistlichen Berufung in ursächlichen Zusammenhang mit materieller Sicherstellung.
Erst am Ende unserer Betrachtungen über die Lebensstationen Bruckners wird uns aber klar sein, daß er sich persönlich tatsächlich auch als Komponist stets als einen einer Berufung Folgenden ansah. Er tat später seinen „Dienst" als Komponist mit demselben Verantwortungsbewußtsein, das einem Geistlichen wohl zu Gesicht gestanden hätte. Die Tatsache einer Berufung war nicht die Frage – die Frage war lediglich, wie sich diese Berufung hätte konkretisieren sollen. Und da ist es von der durch Armut und Krankheit bedrohten Kindheit her nur allzu verständlich, daß die in Summe wohl traumatischen Erlebnisse einen unübersteigbaren Wunsch nach Existenzsicherung zur Folge hatten. Was von den vielleicht im Unbewußten verbliebenen Schrecken später zutage trat, das äußerte sich in manchen nüchtern-materialistischen Feststellungen, das äußerte sich in der Panik, die Bruckner vor jeder größeren beruflichen Veränderung ergriff, das äußerte sich aber wohl vor allem in der schweren Nervenkrise des Jahres 1867, die ihn tatsächlich bis an den Rand des Irrsinns zerrüttete.
Bruckner hatte also das erste Mal eine seine Zukunft betreffende Wahl getroffen: Er wollte Lehrer werden – wie sein Vater. Das hieß zunächst: St. Florian zu verlassen, nach Linz, in die Landeshauptstadt, zu ziehen und dort die Lehrerbildungsanstalt zu besuchen.

Linz 1 (1840/41)

Bruckners Eintritt in die Linzer „Normal-Hauptschule" oder „Präparandie" fiel in die Direktionszeit Johann Nepomuk Paupertls von Drachenthal, eines der verdientesten Vorkämpfer für die Hebung der Lehrerausbildung. Größtes Augenmerk wurde einem gründlichen Musikunterricht beigemessen, gemäß einer kaiserlichen Entschließung vom 11. August 1805, wonach der Kirchendienst „überall, wo immer thunlich ... mit dem Schuldienst verbunden seyn" solle, und am 4. April 1818 wurde von der Studien-Hof-Kommission angeordnet, daß freie Mesner-, Organisten- und Chorregentenstellen den Schullehrern zu übertragen seien, wo immer dies möglich wäre. „Der Hauptzweck der Präparandie" lag demnach, wie es Othmar Wessely, ein profunder Kenner der Linzer Musikgeschichte, formulierte, „selbst bei dem zweifellos fortschrittlichen Pauspertl v. Drachenthal ... letzten Endes doch vor allem" in der „Heranbildung eifriger Kirchensänger, Organisten und Mesner".

Umso schmerzlicher mag man empfunden haben, daß in den ersten Jahren den Präparanden aus finanziellen Gründen kein Musikunterricht erteilt werden konnte. Es bedurfte der großmütigen und idealistischen Initiative eines einzelnen, diesem Mangel abzuhelfen: Ab dem Jahr 1832 erteilte Johann August Dürrnberger (1800–1880), Ingrossist der ständischen Buchhaltung, unentgeltlichen Musikunterricht für die Lehramtskandidaten. Dürrnberger hatte in Wien Musik studiert, am Konservatorium das Recht erworben, sich „Professor" zu nennen, unterrichtete nun an der Präparandie die Fächer Harmonie- und Generalbaßlehre, Choralgesang und Orgelspiel und komponierte auch selbst. Höhepunkte seines Unterrichtes waren die großen „öffentlichen Productionen anerkannter Meisterwerke" in der Linzer Minoritenkirche, an denen im Laufe der Jahre über 1000 Jugendliche teilnahmen.

Der allgemeine Unterricht der Präparanden umfaßte die Gegenstände „Grundsätze der Unterweisung, Religions-Lehre, Deutsche Current-Schrift, Lateinische Schrift, Kanzelleyschrift, Rechtschreibung, Aussprache, Deutsche Sprachlehre, Rechenkunst, Geographie, Schreibart" und das „Verfahren", das heißt, die Beherrschung der Methodik in den Fächern „Buchstabenkennen, Buchstabiren, Lesen, Schönschreiben, Rechtschreiben,

Dictando-Schreiben, Deutsche Sprachlehre, Rechenkunst, Geographie, Naturlehre, Schreibart und Vortrag der Religion".
Die verlangte Vorbildung war noch zu Beginn des Jahrhunderts eine auf denkbar niedriger Stufe: Es genügte der Nachweis des Besuchs einer Trivialschule (= Volksschule). Durch ein Gesetz des Kaisers Franz I. aus dem Jahr 1832 wurden jedoch die Zulassungsbedingungen erheblich verschärft: Nun hatten die Kandidaten den Besuch der dritten Klasse einer Hauptschule nachzuweisen oder die fehlenden Gegenstände und Lehrinhalte nachzuholen. Da die Markt- und Pfarrschule von St. Florian nicht im Rang einer Hauptschule stand, mußte Anton beim ersten Schulgehilfen von St. Florian, Georg Steinmeyer, vom Herbst 1839 bis zum Herbst 1840 das Fehlende erwerben, um zu der für 20. Oktober 1840 angesetzten Aufnahmsprüfung antreten zu können.

„*Kundmachung.*
Den 20. October nimmt an der k. k. Normal-Hauptschule zu Linz der Lehrcurs für Privat-Informatoren und weltliche Lehramts-Candidaten seinen Anfang ... Man wird mit den angehenden Schulpräparanden der allerhöchsten Entschließung zufolge eine strenge Prüfung vornehmen, um unter ihnen eine genaue Auswahl treffen zu können ... Jeder Schulcandidat soll im Orgelspiele so viel Geschicklichkeit besitzen, daß er im Stande ist, wenigstens die gewöhnlichen Kirchenlieder fehlerfrei zu spielen, worüber er vor seinem Eintritte in den Lehrcurs eine Probe ablegen muß ... Alle angehenden Schulcandidaten haben sich daher am 15. d. M. auf dem Directoratszimmer der k. k. Normal-Hauptschule in Linz einzufinden, die durch die angeführten Verordnungen vorgeschriebenen Belege und Zeugnisse beizubringen, und sich da gehörig vormerken zu lassen ...

Von der Direction der k. k. Normal-Hauptschule.
Linz, den 5. October 1840."[12]

Anton bestand die Aufnahmsprüfung mit der Beurteilung „Sehr gut" und beherrschte auf der Orgel wohl auch mehr als die verlangten „gewöhnlichen Kirchenlieder". In einer sich wiederum ganz selbstverständlich ergebenden und doch schicksalhaften Fügung hatte er nun Musikunterricht bei Johann August Dürrnberger, dessen von Liebe zur Kunst und zu den ihm anvertrauten jungen Menschen bestimmtes uneigennütziges Wirken an der Präparan-

Die Präparandie in der Linzer Hofgasse. Photographie.

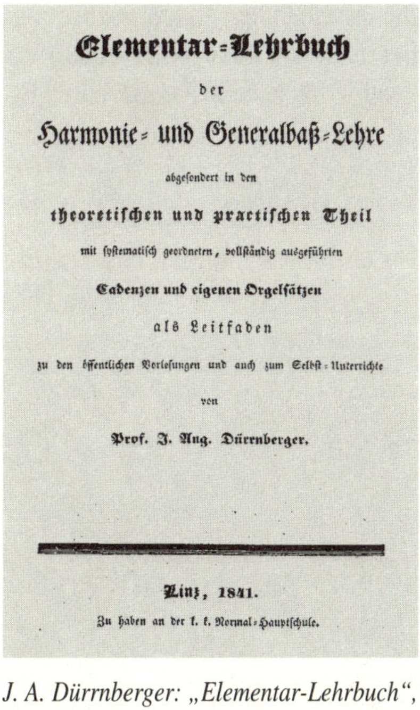

Elementar-Lehrbuch

der

Harmonie- und Generalbaß-Lehre

abgesondert in den

theoretischen und practischen Theil

mit systematisch geordneten, vollständig ausgeführten

Cadenzen und eigenen Orgelsätzen

als Leitfaden

zu den öffentlichen Vorlesungen und auch zum Selbst-Unterrichte

von

Prof. J. Aug. Dürrnberger.

Linz, 1841.

Zu haben an der k. k. Normal-Hauptschule.

J. A. Dürrnberger: „Elementar-Lehrbuch“, Titelblatt und Notenseite, Linz 1841.

die insgesamt 29 Jahre dauern sollte. Die Fächer waren Harmonie- und Generalbaßlehre sowie das Orgelspiel. Dürrnberger legte seinem Unterricht das 1841 – also gerade, als Bruckner bei ihm studierte – erschienene „Elementar-Lehrbuch der Harmonie- und Generalbaß-Lehre“ zugrunde, dazu noch Friedrich Wilhelm Marpurgs „Handbuch bey dem Generalbasse und der Composition“.

Anton schloß seine Ausbildung in den allgemeinen Unterrichtsfächern am 16. August 1841 mit 8 „Sehr gut“ und 14 „Gut“ ab, wobei interessanterweise jeweils der pädagogisch-methodische Teil besser beurteilt wurde als die Kenntnis der Lehrinhalte selbst. Bei Dürrnberger endeten die Studien mit einem Zeugnis vom 30. Juli 1841; Bruckners Noten waren auch hier nicht ganz „lupenrein“, nämlich „Sehr gut“ im theoretischen Fach und im Choralgesang, aber nur „Gut“ im Orgelspiel. Dürrnbergers Benotung war im allgemeinen recht streng. Zwar zählte Bruckner zu den besten Absolventen, doch das „Gut“ im Orgelspiel kränkte ihn sehr; Jahre später (1845) ersuchte er, die Prüfung wiederholen zu dürfen, und erhielt zu seiner großen Freude die beste Beurteilung.

Musik war ja schon damals, in der Präparandie, das bestimmende Element im Leben des Schülers: So dünkte ihm eine eigenhändige Notenabschrift der *Deutschen Messe* Michael Haydns („Hier liegt vor deiner Majestät“) als geeignetes Geschenk – wohl zum Abschied – für seinen Freund und Mitschüler an der Präparandie, den Jägerssohn Johann Ditlbacher aus Windhaag.

Windhaag (1841–1843)

Nach Windhaag, den Ort im nördlichsten Mühlviertel, sollte Bruckners Weg nun führen, denn er war dem dortigen Lehrer Franz Fuchs als „Schulgehilfe“ zugewiesen worden. Die heute so leicht zu überwindende Strecke legte Bruckner sicherlich bis Freistadt mit der wenige Jahre zuvor (1832) eröffneten Pferdeeisenbahn Linz–Budweis zurück, die 2 1/2 Stunden von Freistadt bis Windhaag wird er wohl zu Fuß gegangen sein.

In Windhaag blies dem Schulgehilfen ein rauher Wind entgegen: nicht nur im wörtlichen, klimatischen Sinn, sondern auch in der Person des Lehrers Franz Fuchs (1787–1860). In den Bruckner-Biographien der Vergangenheit ist diesem Manne viel Unrecht geschehen, stempelte man ihn doch zum Prototypen des tyrannischen, verbohrten, ja aufsässigen Vorgesetzten, der seinen Gehilfen (den man so gerne romantisch-verklärt als verkanntes junges Genie gesehen hätte) wegen dessen musischen Neigungen schikanös behandelte und strafweise versetzen ließ. Von all diesen Klischees läßt sich zwar nichts Konkretes aufrechterhalten, aber Fuchs dürfte im großen und ganzen von selbstherrlichem, hartherzigem und geizigem Charakter gewesen sein. Der junge Hilfslehrer Bruckner hatte sich bis zu diesem Zeitpunkt nur dem Lernen und der Musik widmen müssen. Zum nüchternen Alltag eines Schulgehilfen gehörten aber auch der Mesnerdienst und die Mithilfe in der Landwirtschaft – darunter das ungeliebte Mistführen, gegen das sich der Gehilfe vehement zur Wehr setzte und folglich auch dem Konflikt seinerseits Zündstoff lieferte.

Windhaag war ein armes Dorf mit damals rund 200 Einwohnern – auf einer Hochebene an der Maltsch, einem Nebenfluß der Moldau, gelegen –, was sich schon an den Dimensionen des Schulhauses abzeichnete: Das „Lehrzimmer“ war nur rund 45 m^2 groß, hatte aber – bei getrenntem Vor- und Nachmittagsunterricht – jeweils rund 50 (andere Quellen nennen sogar 80 bis 90!) Schüler zu fassen. Welche Platznot hier herrschte – besonders im Winter, wenn die Kinder ihre durchnäßten Umhänge, Mäntel und Schuhe rund um den Ofen trockneten und sich in den Bänken zusammendrückten –, kann man sich lebhaft vorstellen.

„4tens. Der Gehülf soll den Schullehrer als seinen nächsten Vorgesetzten ansehen, ihm Ehre und Gehorsam beweisen, und sich bestreben, da er dessen Hause angehört, durch friedliches und gefälliges Betragen die Einigkeit in der Familie nicht nur nicht zu stören, sondern sie nach Kräften zu befördern.
5tens ... Es wird ihm zum besonderen Verdienste gerechnet werden, wenn er in Orten, wo die Kinder außer den Schulstunden auf öffentlichen Plätzen spielen, durch seine Gegenwart alles Unsittliche zu entfernen sich wird angelegen seyn lassen ...
7tens. Zu dem Ende muß der Gehülf selbst in der Religion wohl unterrichtet seyn, dem Gottesdienste mit aller Auferbauung beywohnen, wenn er dem Ortsseelsorger als Meßner beystehet ... und in seinem ganzen Wandel ein Muster guter Sitten seyn.
8tens. In der Absicht ist ihm das Besuchen der öffentlichen Schenkhäuser, und das Geigen bey Tänzen in den Wirthshäusern auf das strengste verbothen ...“ [13]

(Aus der „Instruction für Schulgehülfen“, Wien 1806.)

Ein Schulgehilfe lebte im Familienverband des Lehrers, war von diesem zu beaufsichtigen und zu verköstigen und hatte ihm in allem „Ehre und Gehorsam“ zu beweisen, wie es die „Instruction für Schulgehülfen“ forderte. Die Verpflegung war bescheiden, aber im Hause Fuchs ebenso zeit- wie ortsüblich und keinesfalls besonders schlecht: Es gab als Frühstück eine „Säur-Supp'n“, die der Gehilfe, ebenso wie das Mittagmahl (meist Brennsuppe, Hirsebrei mit Kraut, Mohnnudeln, Mohnknödel, zweimal in der Woche Fleisch: sonntags Rindfleisch mit Kren, sonst Schweinefleisch oder Geselchtes mit Erdäpfeln und Kraut), mit den Dienstboten einnahm. Bruckners Biograph Göllerich berichtet, Anton habe sich dadurch „so entwürdigt“ gefühlt, „daß er gerne bei Freunden sich zu entschädigen suchte“. Dies deutet schon an, daß der Gehilfe (verständlicherweise) Einordnungs- und Anpassungsschwierigkeiten hatte und wohl am meisten selbst für den Konfliktstoff sorgte, der ihn im Jahr 1843 schließlich um seine Versetzung ansuchen ließ. Zunächst versah aber Bruckner hier seinen Dienst an den Kindern mit Freude und pädagogischem Geschick: „In der Schul' hab'n mir'n recht gern g'habt“, versicherte eine seiner ehemaligen Schülerinnen. „Ausg'seh'n hat er, wie der Vollmond und kindli is er g'wen, wia ma sagt. Und g'straft hat er ganz wen'g, dazu war er z'guat.“

Windhaag: Alte Gesamtansicht.

Windhaag: Altes Schulhaus. Postkarte.

Von dem einem Schulgehilfen zustehenden Lohn – 40 Gulden pro Jahr – verblieben Bruckner nach Abzug der Auslagen des Schulmeisters (für Kost, Quartier, Beheizung der Kammer und Besorgung der Wäsche) 12 Gulden jährlich in Bargeld, was in Anbetracht der Kaufkraft des Guldens (ein Maurer und Zimmermann verdiente pro Tag 26 Kreuzer) als Taschengeld nicht übermäßig, aber auch nicht zuwenig war. Dazu kamen noch die Einkünfte aus dem „Tanzlgeig'n", die pro Abend einen „Zwanziger", d. i. 1/3 Gulden (etwas mehr als der Tageslohn eines Hilfsarbeiters), erbrachten. Bruckner mußte also nicht aus materieller Not zum Tanz aufspielen wie sein Vater, sondern tat dies aus eigener Freude an Tanz und Musik und aus Freundschaft mit Gleichaltrigen, so z. B. mit den jungen Leuten der Familien Mauer, Sücka und Jobst. Aus dieser musizierfreudigen Zeit sind die sogenannten *Windhaager Ländler* erhalten, die Bruckner damals selbst gespielt hat.

Immer mehr an Raum gewann die Musik im Leben des jungen Lehrers, viel Zeit verbrachte er an der kleinen, altersschwachen Orgel der Kirche, auf der zu seinem Entzücken tubenblasende Engel thronten. Weit weniger Entzücken, ja manchmal blankes Entsetzen rief Bruckners temperamentvolles Orgelspiel beim Lehrer Fuchs hervor, der jammernd ausrief: „Er schlagt ma ja no die ganze Org'l z'samm!"

Das freie Phantasieren des Schulgehilfen erregte die Bewunderung der Zuhörer, weit weniger tat dies seine Begleitung des sonntäglichen Kirchengesanges, an die sich Windhaager Einwohner noch Jahrzehnte später erinnerten: Es sei mehrmals geschehen, „daß er bei die Liada die ganze Kira-Gmoan (= Kirchen-Gemeinde) ums Haar aus der Scharnier bracht hätt'", und „in der Musi is er damals no recht schwach g'wen – kaum daß er's Meß-Liad ordentli spiel'n hat könna."

Die Gründe für diese „musikalischen Unfälle" wird man aber mit Sicherheit eher beim klapprigen Instrument, im ehrgeizigen Kampf des jungen Organisten gegen „eingefahrene" Singgewohnheiten (um nicht zu sagen: -unarten) und ebenso sicher im wohl noch jugendlich-unausgeglichenen, „gärenden" Phantasieren zwischen den einzelnen Liedern oder Liedstrophen suchen müssen. Daß Bruckner „'s Meß-Liad" sehr wohl wird „ordentli spiel'n könna" haben, zeigt sich an seiner ersten eigenen Meßvertonung, einer kleinen *Messe in C* für eine Alt-concertant-Stimme, zwei Hörner und Orgel (WAB 25), die er der Solosängerin Anna Jobst (* 1818) und nicht ihrer Schwester Maria, wie man bisher annahm, widmete.

So beliebt der Schulgehilfe bei der Jugend auch gewesen sein mag, so sicher galt er bei der überwiegenden Zahl der Dorfbewohner als „Halbverruckter" und „Muckenfanger". Bruckner hielt es im Hause Fuchs nicht mehr aus und suchte in St. Florian um seine Versetzung an. Sie wurde – mit Nachsicht und Verständnis – gewährt, und Bruckner verabschiedete sich, mit lobenden Zeugnissen des Lehrers Fuchs und des Pfarrers Schwinghaimb ausgestattet.

„Der Landlertanz“. Anonymer Holzstich.

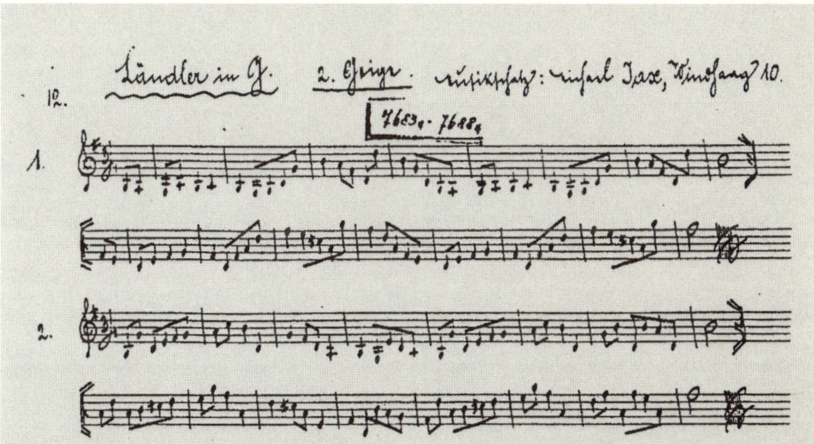

„Windhaager Ländler für zwei Geigen“. Aus dem Musikschatz des M. Jax.

„Unterzeichneter erteilet hiemit dem Herrn Anton Bruckner das Zeugniß, daß selber durch 1 Jahr und 4 Monathe in hiesiger Trivialschule als Lehrgehülf gedienet, und sich während dieser Zeit durch sein sittliches Betragen, und durch unermüdeten Fleiß und Geschicklichkeit im Lehrfache sich stets ausgezeichnet habe. Uiberdieß hat er den mit dem Lehrfache verbundenen Meßnerdienst mit vieler Genauigkeit verrichtet, daß ich ihn mit Recht besonders als einen Gehülfen empfehlen kann.
Windhaag den 19ten Jänner 1843.

Franz Fuchs
Schullehrer.“ [14]

Kronstorf (1843-1845)

„Wie im Himmel"

Kronstorf war, ebenso wie Windhaag, eine „Florianer" Pfarre – aber dies war wohl die einzige Gemeinsamkeit zwischen den beiden Orten: Im fruchtbaren, von mildem Klima begünstigten, sanften Hügelland zwischen Enns und Steyr gelegen, daher von wohlhabenderen (und daher wiederum auch dem Musischen gegenüber mehr aufgeschlossenen!) Menschen bewohnt, ließ Kronstorf den jungen Schulgehilfen, der mit Dekret vom 21. Jänner 1843 angestellt wurde, aufatmen. Die Nähe der beiden Städte war ebenso spürbar wie die geistige Ausstrahlung des Stiftes St. Florian; die Vorgesetzten – Pfarrer Alois Knauer und Schulleiter Franz Seraph Lehofer – waren Bruckner wohlgesinnt und legten seinen musikalischen Ambitionen, die in Windhaag zu ständigen Zerwürfnissen geführt hatten, nichts in den Weg, auch dann nicht, als sie durch den Großbauern Michael Födermayr und seine Hausmusikabende ständig wachsende Anregung erfuhren.

„Als begeisterter Musikliebhaber wollte er den jungen Lehrer recht oft bei sich haben und so kam es, daß sich zwischen beiden eine herzliche Freundschaft entwickelte ... Bald nach dem Dienstantritt Anton Bruckners als Schulgehilfe wurden die Kronstorfer auf sein Orgelspiel aufmerksam und belauschten Bruckner oft bei seinen Proben, die er an der Orgel vor seinem Pfarrgottesdienst abhielt. Die Töne, die die Kronstorfer dabei zu hören bekamen, waren ihnen neu, ja fremd. Die Meinungen über das Gehörte waren geteilt. Der bäuerliche Musiker Födermayr aber machte der Kritik dadurch ein Ende, daß er erklärte: ‚Manna, paßts auf, dös is a ganz a Guata.'"[15]

Födermayr lieh dem Schulgehilfen sein altes Spinett, das dieser im Schulzimmer aufstellen durfte und an dem er oft halbe Nächte übte. Lehrer Lehofer tolerierte gutmütig das nächtliche „Klavierklempern" seines Gehilfen, die resolute und an Bruckner Mutterstelle vertretende Theresia Lehofer jagte ihren Schützling jedoch in seine winzige Kammer, damit er sich wenigstens etwas Schlaf gönne.

„,Die alte Frau Lehofer derbarmt m'r jetzt no', erzählte der Meister mitleidig, ,wia's oft um a Ans (1 Uhr) bei der Nacht aufg'stand'n is und mi vom Klavier wegg'jagt hat. Aber, um Gott'swill'n, Herr Bruckner, hat's dann g'sagt, hör'n S' do a Mal auf mit dem Klavierklempern und gengan's endli in's Bett! S' hat ma ja eh recht leid tan, daß S' im Schlaf g'stört word'n is – nächst'n Tag aber hab i's akkrat wieder so g'macht. I hab' mi halt net derhalt'n könna!'"[16]

(Bruckners Erinnerungen an seine nächtlichen Musikexzesse in Kronstorf.)

Der heutige Besucher der liebevoll instandgesetzten Bruckner-Gedenkstätte in Kronstorf steht überrascht (und wohl auch gerührt) in dem mehr einem Verschlag als einem Zimmer gleichenden Kämmerchen Bruckners im Obergeschoß des Lehrerhauses: Mit kaum mehr als 6 m^2 Grundfläche, zwei Fenstern und zwei Türen bildete es nicht mehr als einen Treppenabsatz vor der Tür der Dachbodenstiege. Darin mußten das Bett und ein Tisch Platz finden; die Biographen nennen auch noch einen Kasten – aber er wird wohl im angrenzenden Schulzimmer gestanden sein.

Bruckner hatte alles, dessen er bedurfte. Die Zuneigung der Menschen seiner Umgebung (die ihren nicht zu verachtenden kulinarischen Niederschlag in den Kochkünsten der Lehrersfrau fand) und die Möglichkeit, alle verbleibende Freizeit der Musikausübung zu widmen, ließen ihn sich später erinnern, er habe sich in Kronstorf gefühlt „wie im Himmel".

Ein „ausgepichter Mozartianer"

Der junge, so musikbegeisterte Schulgehilfe Anton Bruckner, er unterschied sich nur graduell, nicht prinzipiell von den vielen anderen seiner Kollegen, die nach der geltenden Schulordnung in Schule und Kirche gleicherweise Dienst taten und die Musik erlernt hatten wie eines unter den vielen anderen Fächern an der Präparandie – die Musik, die so viele geistige und gesellschaftliche Bedürfnisse abzudecken hatte: vom Sonntagsgottesdienst bis zum Tanzboden, vom pädagogisch eingesetzten „A-B-C-Lied" der Taferlklaßler bis zu den Scherzliedern der Spinnstuben.

Und dennoch ist in diesem eifrigen, freundlichen, lebenslustigen jungen Mann bereits jetzt eine geheimnisvolle Kraft wirksam, ein fast noch schlum-

Kronstorf. Alte Photographie.

merndes Talent, das sich mit nachtwandlerischer Sicherheit dem jeweils besten aller erreichbaren Lehrer zuwendet. Nach Johann Baptist Weiß und Johann August Dürrnberger ist dies nun der Ennser Regenschori und Organist Leopold von Zenetti (1805–1892), den Bruckner schon von seiner Florianer Sängerknabenzeit her kannte und bei dem er nun um Aufnahme als Schüler ansuchte.

Zenetti hatte ein außerordentliches Bildungsniveau und wirkte neben den genannten Tätigkeiten auch als ausübender Musiker (Violine, Violoncello, Orgel), Privatmusiklehrer und Organisator von großen Konzerten mit dem „Geselligkeits-Verein" in Enns. Seine uns erhaltenen Kompositionen stehen den Werken anderer (etwas zu Unrecht als „Kleinmeister" bezeichneten) Zeitgenossen mindestens ebenbürtig zur Seite und bezeugen noch heute, wie intensiv sich dieser Mann mit den Werken seiner geliebten Klassiker und Franz Schuberts auseinandergesetzt hatte, sodaß ihn seine Freunde respektvoll einen „ausgepichten (= gerissenen) Mozartianer" nannten.

Bruckner dürfte Zenetti bald nach seinem Eintreffen in Kronstorf aufgesucht und um seine Unterweisung gebeten haben, denn bereits am 19. September 1843 gelangte in der Ennser Pfarrkirche ein vierstimmiger A-cappella-Män-

nerchor aus der Feder Bruckners zur Aufführung, der dem Vizedechant und Ennser Stadtpfarrer Joseph Ritter von Peßler zum Geburtstag gewidmet war. Bruckner verwarf dieses Werk *(An dem Feste*, WAB 59) im Alter nicht wie so manche andere Jugendwerke, sondern überarbeitete es geringfügig und brachte es mit anderem Text als *Tafel-Lied* (WAB 86) mit dem Wiener Akademischen Gesangverein zur Aufführung. Die Wiener Kritik des Jahres 1893 fand das Werk „ernst, klangschön, patriarchalisch schlicht, aber doch wohlgelungen" – so Theodor Helm, Rezensent der Deutschen Zeitung. Wie sehr sich der junge Schulgehilfe nun nicht mehr als Lehrer, sondern (wohl noch recht im stillen, für sich allein) von der Musik her definierte, davon zeugt die selbstverständliche und selbstbewußte Unterschrift auf dem Titelblatt eines am Ende der Kronstorfer Jahre entstandenen Werkes, der *Zwey Asperges* für vier Singstimmen und Orgel (WAB 3). Diese Unterschrift lautete nicht mehr „Anton Bruckner. Schulgehülfe", wie man es hätte erwarten mögen, sondern lapidar und stolz „Anton Bruckner. Comp(onist)".
Wie sah der Unterricht aus, der dieses Selbstverständnis des jungen Anton Bruckner derart hatte reifen lassen? Für Bruckner erfolgte die nähere Begegnung mit Zenetti im günstigsten Moment. War alles vorhergegangene Lernen eingebettet gewesen in die allgemeine schulische Erziehung bzw. die Ausbildung zum Lehrer, so war der Unterricht bei Zenetti freiwillig, selbstgewählt und dem Aspekt des erwachenden Schöpferischen zugeordnet. Die starke Traditionsgebundenheit des Lehrers konnte sich nicht anders als positiv auswirken, da durch sie dem Lernenden gleichermaßen gediegene Führung und vielseitige Anregung zuteil wurden.

„Dö Musik-Theorie war dazumal nicht Sache der Oberösterreicher. Mei Lehrer von Enns, Zenetti, zwar hat was könna." [17]

(Anton Bruckner während einer Universitätsvorlesung im Jahre 1888.)

Ein solches Urteil aus dem Mund des Meisters hat wohl mehr zu bedeuten als nur verklärte Jugenderinnerung. In der Tat verdankte Bruckner seinem Ennser Lehrer außerordentlich viel. Der Unterricht war während der Kronstorfer Jahre äußerst intensiv: Bis zu dreimal wöchentlich suchte der Student seinen Lehrer auf. Als Arbeitsgrundlagen für die Ausbildung in Harmonielehre und Generalbaß dienten die Schriften Daniel Gottlob Türks „Von den wichtigsten Pflichten eines Organisten" (1787) und „Kurze Anweisung zum Generalbaßspiel“ (1791). Besonders bevorzugte Zenetti Johann Sebastian Bachs *Wohltemperiertes Klavier* und die Orgelchoräle. Daraus läßt sich mit einiger Sicherheit schließen, daß auch kontrapunktische Studien betrieben wurden, über die uns aber keine unmittelbaren schriftlichen Zeugnisse erhalten sind; in den nun entstehenden Werken finden wir jedoch bereits eine gewisse Gewandtheit in der Handhabung des Gelernten. Die komposi-

L. v. Zenetti. Photographie in späten Jahren, um 1875.

Das Wohnhaus L. v. Zenettis auf dem Ennser Kirchenplatz. Alte Photographie.

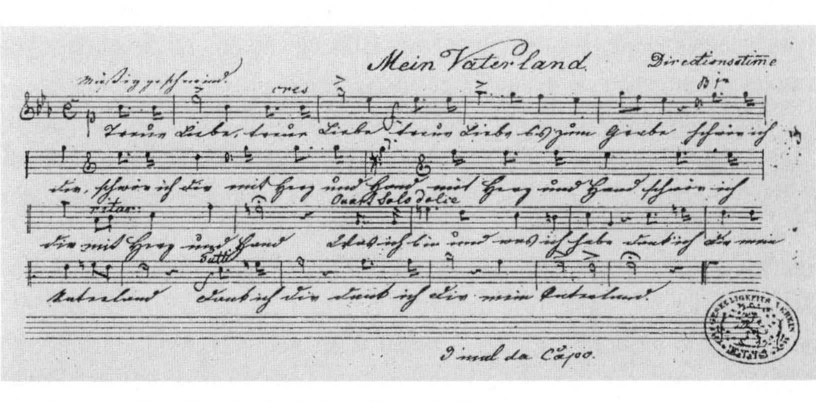

L. v. Zenetti: „Mein Vaterland“. Originalhandschrift.

torische Ausbeute der rund 2 1/2 Jahre ist beachtlich: Nach dem schon genannten Männerchor entstehen weitere Kirchenwerke, darunter die sogenannte *Kronstorfer Messe* für vierstimmigen gemischten Chor a cappella (WAB 146) und die Kantate *Vergißmeinnicht* für achtstimmigen gemischten Chor, vier Solostimmen und Klavier (WAB 93). Ein von Bruckner für seinen in Kirchberg bei Eferding verstorbenen Freund und Lehrerkollegen Johann Nepomuk Deschl komponiertes *Requiem* für vierstimmigen Männerchor und Orgel (WAB 133) ist verschollen, zeigt jedoch, daß er sich schon an größere musikalische Formen heranwagt. Etwa gleichzeitig entstehen die schon genannten *Zwey Asperges* (WAB 3).

„Man braucht in diesem Fache absolut einen tüchtigen Leiter, denn selbst die Schriften würden nach meiner Meinung ohne obgenannten Lehrer unverstanden oder schlecht verstanden bleiben." [18]

(Aus einem Brief Bruckners an Leopold Hofmeyr,
6. August 1878.)

„Die Schriften", die es zu verstehen galt, das waren für den jungen Bruckner nicht nur die Lehrbücher, die er mit Zenetti durcharbeitete, das war auch (und vielleicht sogar: vor allem anderen) die reichhaltige Notenbibliothek seines Lehrers, in der das Schwergewicht auf den Werken Ludwig van Beethovens, Joseph Haydns, Michael Haydns und Wolfgang Amadeus Mozarts lag, in der jedoch auch Franz Schubert und Carl Maria von Weber vertreten waren.

Dazu kamen natürlich eine sehr große Anzahl guter zeitgenössischer Gebrauchsmusikwerke, Bearbeitungen von Bühnenwerken und Arbeiten sogenannter Kleinmeister. Bruckner hatte also Gelegenheit, ein sehr breites Spektrum musikalischer Kultur kennenzulernen. Vielleicht haben wir ihn uns in Enns nicht nur als den Studenten vorzustellen, der am Sonntag manchmal sogar zweimal seinen verehrten Lehrer aufsuchte – morgens und, nach dem Lösen der erhaltenen Aufgaben, ein zweites Mal abends – und sicher an dessen Kammermusikabenden teilnahm; vielleicht haben wir ihn auch im Orchester der großen Konzertaufführungen zu suchen, die Zenetti organisierte, oder im Ballorchester bei den Bällen des von Erzherzog Johann 1837 ins Leben gerufenen „Industrie-Vereins". Auch deren musikalisches Niveau war beträchtlich, wie die noch erhaltenen Einladungen zeigen.

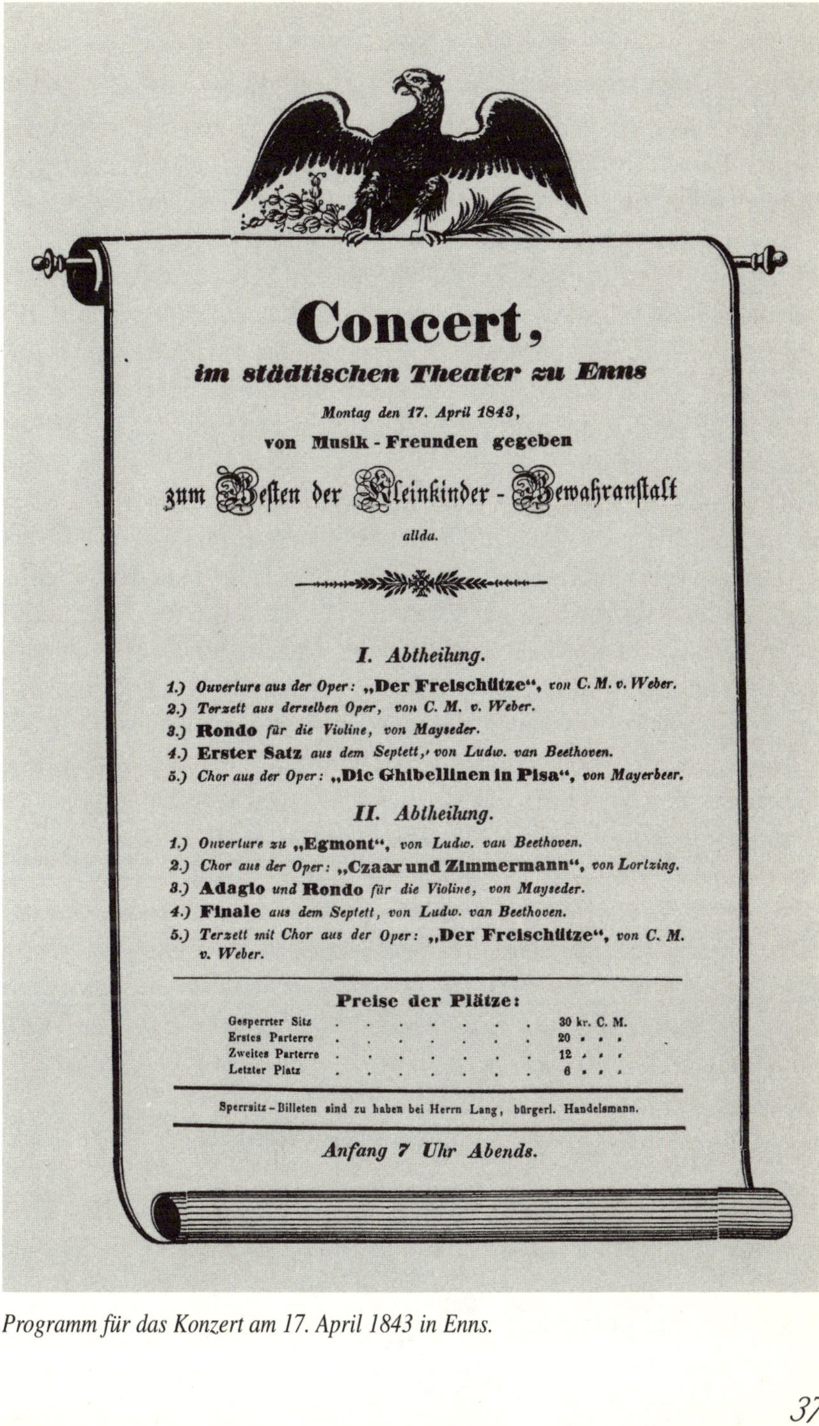

Concert,

im städtischen Theater zu Enns

Montag den 17. April 1843,

von Musik-Freunden gegeben

zum Besten der Kleinkinder-Bewahranstalt

allda.

I. Abtheilung.

1.) *Ouverture aus der Oper:* **„Der Freischütze"**, *von C. M. v. Weber.*
2.) *Terzett aus derselben Oper, von C. M. v. Weber.*
3.) **Rondo** *für die Violine, von Mayseder.*
4.) **Erster Satz** *aus dem Septett, von Ludw. van Beethoven.*
5.) *Chor aus der Oper:* **„Die Ghibellinen in Pisa"**, *von Mayerbeer.*

II. Abtheilung.

1.) *Ouverture zu* **„Egmont"**, *von Ludw. van Beethoven.*
2.) *Chor aus der Oper:* **„Czaar und Zimmermann"**, *von Lortzing.*
3.) **Adagio** *und* **Rondo** *für die Violine, von Mayseder.*
4.) **Finale** *aus dem Septett, von Ludw. van Beethoven.*
5.) *Terzett mit Chor aus der Oper:* **„Der Freischütze"**, *von C. M. v. Weber.*

Preise der Plätze:

Gesperrter Sitz	30 kr. C. M.
Erstes Parterre	20 „ „ „
Zweites Parterre	12 „ „ „
Letzter Platz	6 „ „ „

Sperrsitz-Billeten sind zu haben bei Herrn Lang, bürgerl. Handelsmann.

Anfang 7 Uhr Abends.

Programm für das Konzert am 17. April 1843 in Enns.

Ein neues Vorbild: Schubert

Zum geistigen Einfluß St. Florians, der das ganze Umland prägte, zum gediegenen Unterricht bei Zenetti in Enns trat noch ein dritter künstlerischer Impuls: Es war die Stadt Steyr, die schon von Anfang an auf Bruckner faszinierend wirkte, war doch ihre Musikpflege neben jener von Linz und St. Florian die berühmteste des Landes.
In der von Meister Puchspaum 1443 begonnenen Pfarrkirche durfte Bruckner, freundlich aufgenommen vom Stadtpfarrer Joseph Plersch, auf der großen, 1772 erbauten Chrismann-Orgel spielen. Sie war der eine große Anziehungspunkt. Der andere war fast eine Legende, ein wenig legendär selbst noch heute, nach eineinhalb Jahrhunderten: In Steyr war auch Karoline Eberstaller beheimatet, die Tochter eines französischen Generals (so munkelte man romantisch), die mit Franz Schubert während dessen Aufenthalten in der Stadt (1819, 1823 und 1825; sie war damals ein Kind von 7, 11 und 13 Jahren) vierhändig gespielt hatte. Sie, die lebende Legende, kennenzulernen, bedeutete für den stets zur Verehrung geneigten Bruckner einen kostbaren Kontakt zur musikalischen Tradition. Und an Schubert-Traditionen gab es in Steyr auch so manche andere: Für den Musikmäzen und begeisterten Cellisten Sylvester Paumgartner hatte Schubert sein *Forellenquintett* geschrieben, mit dem Hofopernsänger Johann Michael Vogl hier seine Lieder musizierte. Und so sollte Schubert unter den großen Vorbildern des jungen Komponisten eine besondere Stelle einnehmen.

„Das starke Selbstgefühl, welches ihn begreiflicherweise beseelte, wich oftmals den Empfindungen der Niedergedrücktheit und des ausgesprochenen Zweifels, ob nicht doch seine Gegner in etwas recht hätten. ‚Wenn ich mich auch nicht mit Schubert und solchen Meistern vergleichen kann, so weiß ich doch, daß ich Wer bin und meine Sachen von Bedeutung sind', tröstete er sich dann wieder.“ [19]

(Bruckner zu seinem Schüler Franz Marschner, ca. 1884.)

Der Schulgehilfe Anton Bruckner hatte wohl schon seit längerer Zeit einen weiteren beruflichen und künstlerischen Aufstieg angestrebt: Dies zeigt die Kantate *Vergißmeinnicht* (WAB 93), die in ihrer ersten Fassung einen „musikalischen Versuch nach dem Kammer-Styl“ darstellt, in der zweiten Fas-

sung dem Ennser Pfarrer Alois Knauer zum Namenstag zugedacht ist, in der dritten und letzten Fassung aber, mit dem sehr direkt anspielenden Titel *Vergißmeinnicht* versehen, dem Chorherrn und Kanzleidirektor Friedrich Mayr von St. Florian gewidmet ist. Mayr war kunstliebend, Bruckner wohlgesonnen und hatte diesem in Aussicht gestellt, nach bestandener Abschlußprüfung als Lehrer nach St. Florian zurückkehren zu dürfen.
Bruckner erzielte bei der Prüfung vor dem Konsistorium in Linz gute bis sehr gute Erfolge. Besondere Freude hatte er aber an einem ihm von Dürrnberger ausgestellten Zeugnis (datiert mit 24. Juni 1845) über seine musikalischen Fähigkeiten „im allgemeinen Musikfache und insbesondere in der Harmonie- und Generalbaßlehre, in der allgemeinen Musik-Theorie, in der Harmonik und im praktischen Orgelspiele“, in dem er in allen Fächern „die erste Klasse mit Vorzug“ erhielt und somit das „Gut“ im Orgelspiel verbesserte, über das er sich beim Abgang von der Präparandie so gekränkt hatte. Auch Lehrer Lehofer und Pfarrer Knauer, seine unmittelbaren Vorgesetzten, stellten ihm lobende Zeugnisse aus, in denen jeweils auf die besonderen musikalischen Fähigkeiten hingewiesen wurde: Der Weg zurück nach St. Florian stand offen.

„Von dö Lehrer is uns Kaner so liab g'we'n, wia er. So guat is er halt g'we'n, so freundli. Er war so a G'heischer (Schmächtiger), gar so hübsch: mei schönster Lehrer, den i g'habt hab!“[20]

(Erinnerungen von Bruckners Schülerin Barbara Bürstinger in ihrem 78. Lebensjahr.)

„Zeugniß.
Daß Herr Anton Bruckner vom 23. Jänner 1843 bis 23. September 1845 an der Trivialschule zu Kronstorf als Lehrgehülfe gedient und während dieser Zeit durch unermüdeten Fleiß und Geschicklichkeit im Unterrichte, durch liebevolle Behandlung der Kinder, durch Eifer und Geschicklichkeit in der Kirchenmusik, durch genaue Besorgung des Meßnerdienstes außer den Schulstunden und insbesondere durch einen sehr ehrbaren und untadelhaften Lebenswandel sich meine volle Zufriedenheit erwarb, wird hiemit bestätigt.

Kronstorf Schule, den 23. Sept. 1845.
Franz Seraph Lehofer, mp.
Schullehrer.“[21]

„Lehrgehülfenzeugniß.
... Derselbe hat sich ... als sehr kenntnißreicher tätiger Lehrer der Kirchenmusik ... bewiesen ... Der Gefertigte, der ihn ungerne entläßt, machet sich ein wahres Vergnügen daraus, ihm dieß ehrenvolle Zeugniß zu seiner allseitigen und besten Empfehlung entsenden zu können.“[22]

(Aus dem Zeugnis des Kronstorfer Pfarrers Alois Knauer, 25. September 1845.)

„Dem von der Pfarrschule Kronstorf zu der Pfarr- und Marktschule St. Florian berufenen Lehramtsgehülfen Herrn Anton Bruckner wird hiemit ... die Übersiedlung und Beistellung als 1ten systematisierten Schulgehülfen bei der Pfarrschule St. Florian für das zweite große Lehrzimmer mit dem Auftrage erteilt, daß er seinem bisher in Kronstorf an den Tag gelegten Fleiße, seiner Ordnungsliebe und Geschicklichkeit im Lehrfache und guter Kinderbehandlung nicht nur entsprechen, sondern selbe auch noch mehr erhöhen und mit dem bisher bewiesenen guten Lebenswandel verbunden hiedurch sich der frommen Liebe und Hochachtung seiner Vorgesetzten würdig zu erhalten befleißigen wolle ...“[23]

(Aus dem Anstellungsdekret für St. Florian, 25. September 1845.)

St. Florian 2 (1845-1855)

Die Rückkehr nach St. Florian muß für Bruckner eine überaus große Freude gewesen sein: Es war einerseits eine Rückkehr ins Vertraute, zu den ihm liebgewordenen Menschen (er bezog wieder im Haus des Lehrers Bogner Quartier), im Bewußtsein, nun endlich sicher angestellt zu sein. Andererseits bedeutete diese Rückkehr auch eine ungeheure Weitung seines künstlerischen Horizontes. Er kehrte nun als Erwachsener zurück in ein Zentrum geistigen und geistlichen Lebens und vor allem zu den Orgeln: Zusätzlich zur großen „Chrismannin" gab und gibt es in St. Florian im Chor eine Sonntags- und eine Werktagsorgel.

Eine der Chororgeln im Stift St. Florian.

Bruckners Pflichten umfaßten täglich vier Stunden (8–10 Uhr, 12–14 Uhr) in der ersten und zweiten Klasse, dazu den Wiederholungsunterricht der Sonntagsschule und die Gesangs- und Violinstunden für vier Sängerknaben. In seiner Freizeit gab er Privatlektionen, z. B. den Kindern des auf der nahe gelegenen Tillysburg wohnenden Grafen Charles O'Hegerty, und arbeitete an seiner eigenen Bildung. So etwa vervollkommnete er seine Kenntnisse in Latein bei Josef Rom, einem Novizen des Stiftes.
Die Musik war jedoch unbestrittenes Zentrum seines Interesses: Wieder war es Meister Kattinger, in dessen Schule er sich begab. Täglich übte Bruckner zwei Stunden, nachmittags von 4 bis 6 Uhr, auf der Werktagsorgel.

„Als ihn Kattinger einst unbemerkt dabei belauschte, sagte er zu seinem Begleiter: ‚Dieser Bruckner wird einst mein würdiger Nachfolger werden.' Außerdem oblag der stets Ungestillte leidenschaftlich seinen immer eingehenderen Kompositionsstudien. Denn bald ließen ihn dieselben erkennen, daß ‚der Kontrapunkt der wichtigste Standpunkt im Leben' sei – wie er später einmal köstlich geäußert hat." [24]

Noch vor wenigen Jahren hat man Bruckners musikalische Entwicklung während der St. Florianer Jahre, abgesehen vom Orgelunterricht bei Kattinger, zur Gänze einem intensiven Selbststudium zugeschrieben. Heute wissen wir, daß Bruckner, wenngleich in etwas gelockerter Form, weiterhin den Unterricht Leopold von Zenettis genoß. Die im Stift erworbenen Kenntnisse Bruckners sind nichts anderes als die logische Konsequenz des mit seinem Lehrer 1843 eingeschlagenen Ausbildungsweges: eine Auseinandersetzung mit der musikalischen Tradition, freilich nun nicht mehr beschränkt auf die Werke Johann Sebastian Bachs und der Wiener Klassik, sondern vor allem erweitert um die wunderbare Welt der Musik Schuberts, die sich dem völlig Hingerissenen nicht nur in Steyr, sondern auch in der Notenbibliothek des Stiftes darbot. Erst vor einem knappen Vierteljahrhundert hat ein Wiener Musikforscher (Alexander Weinmann, auf dessen sorgfältige Katalogisierung ich mich hier dankbar beziehen darf) auf die kostbare, zum Teil noch zu Lebzeiten des Meisters angeschaffte Sammlung weltlicher Schubert-Werke hingewiesen.

„In Oberösterreich finde ich allenthalben meine Compositionen, besonders in den Klöstern St. Florian und Kremsmünster."[25]

(Aus einem Brief Franz Schuberts an seine Eltern,
Steyr, Juli 1825.)

Vermutlich liegt hier der Beweis für die immer wieder zitierten, aber lange Zeit nicht konkret belegbaren Aufführungen Schubertscher Lieder durch den Tenor Ludwig Ehrenecker, der sie, mit Bruckner am Klavier, „mit Vorliebe" und derart hingebungsvoll „effectuirte", daß sich „immer ein kleines Publikum auf der Straße ansammelte".

Erster Exkurs: Die „lieben Meister"

„Anton Bruckner mordet Vater und Mutter mit der Ueberzeugung, das müsse so sein." So konnte man nach dem Tag der Uraufführung von Bruckners *3. Symphonie* (WAB 103) in der Wiener Abendpost vom 16. Dezember 1877 lesen. In dieser Kritik begegnet uns die ganze Schwierigkeit von Bruckners Zeitgenossen, ihn in einer musikalischen Traditionslinie zu orten. Er erschien einerseits als archaischer „verspäteter Sendling des Antediluviums", andererseits als kühner Revolutionär, der alle Bindungen an die Tradition über Bord geworfen hatte.

In einem in der Musikgeschichte beispiellos langen Ausbildungsgang, der sich über 37 Jahre erstreckte (wenn wir seinen Beginn bei den ersten kindlichen Versuchen 1828 in Ansfelden und sein Ende in Linz 1865 bei Ignaz Dorn ansetzen), hat sich Bruckner das ganze Spektrum des musikalischen Erbes angeeignet. Freilich hat die späte Begegnung mit der Musiksprache Richard Wagners für Bruckner den Durchbruch zu seinem unverwechselbaren Personalstil bedeutet, doch fußt er ebensosehr auf dem Erbe der Klassik (Joseph und Michael Haydn, Wolfgang Amadeus Mozart und Ludwig van Beethoven) und der Früh- und Hochromantik (Franz Schubert, Carl Maria von Weber und Robert Schumann). Die Verehrung für seine „lieben Meister" umgreift aber nicht nur deren Werk (das er sich in emsigem Studium aneignet), sondern auch deren Person. Sie drückt sich musikalisch auf zwei Weisen, gleichsam in zwei „Schichten", aus: Hat ihm das Erbe der Tradition das theoretische Rüstzeug zum Komponieren überhaupt verliehen, so verbeugt er sich – zusätzlich und für alle kenntlich – durch deutliche Zitate aus den Werken der verehrten Meister gleichsam in aller Öffentlichkeit. So ist es beim in St. Florian entstandenen *Requiem* (WAB 39) aus dem Jahr 1849 und der 1854 entstandenen *b-Moll-Messe* (WAB 29), so ist es auch noch bei der *3. Symphonie* (WAB 103), die er dem „Meister aller Meister" Richard Wagner verehrungsvoll widmet.

„Am 2. Nov. 1885 nach dem Requiem v. Mozart in der Hofkapelle in den Währinger-Ortsfriedhof gefahren. Kranz, Gebeth b. Beethoven u. Schubert. Voriges Jahr zum 15. Male. 1870 zum 1. Male."[26]

(Eintragung Bruckners in „Fromme's Österreichischer Hochschulen-Kalender 1884/85", Bl. 20 r.)

Diese Verehrung für die Schöpfer solcher Meisterwerke fand auch, wie schon erwähnt, bei Bruckner ihren menschlichen Ausdruck, spätestens in seiner Wiener Zeit und in ihren fast extremen Äußerungen nachsichtig belächelt bis kopfschüttelnd abgelehnt. So pflegte er am Allerseelentag regelmäßig nicht nur die Gräber Beethovens und Schuberts zu besuchen, sondern wollte auch unbedingt bei deren Exhumierung und Umbettung in die Ehrengräber am Wiener Zentralfriedhof anwesend sein. Zeitgenossen haben uns diese halb skurrilen, halb rührenden Begebenheiten berichtet:

„Am 12. September 1888 wurden auf dem Währinger Friedhofe in Wien die Überreste Schuberts exhumiert und Messungen sowie photographische Aufnahmen des Schädels des Meisters in Anwesenheit einer kleinen Gemeinde von Verehrern vorgenommen. Da das Haupt in den Sarg zurückgelegt worden war, erregte es allgemeine Rührung, als Professor Bruckner um die Erlaubnis bat, dasselbe berühren zu dürfen. In tiefer Erregung legte er damals zärtlich und lange seine Hand auf die Stirne des Schädels und blieb der Letzte, der die sterblichen Reste Schuberts berührt hat."[27]

„Als Beethoven am Währinger-Friedhof ausgegraben und nach dem Zentralfriedhof übertragen wurde, forderte Bruckner mich auf, mit ihm nach Währing zu fahren. Schon für etwa eine Stunde vor der Zeit hatte er einen Wagen bestellt und so kamen wir natürlich viel zu früh an. Während das Grab wieder aufgegraben wurde und als dann der Sarg zum Vorschein kam,

K. Wildmann: „A. Bruckner mit dem Schädel L. v. Beethovens". Alter Zeitungsdruck einer Zeichnung.

sah Bruckner aufmerksam allem zu, natürlich ebenso als der Sarg dann geöffnet wurde und die Gebeine Beethovens sichtbar waren. Der Sarg mit dem Skelette wurde dann in die Totenkammer gebracht, wo nur eine Kommission von Ärzten Zutritt hatte, um wissenschaftliche Untersuchungen und Messungen vorzunehmen. Trotz des Verbots, andere Leute einzulassen, erzwang Bruckner den Eintritt in die Kapelle; ich schlüpfte hinter ihm auch hinein. Bruckner ging bis zum Sarg und betastete den Schädel Beethovens und nahm ihn schließlich in beide Hände. Als ein Arzt ihm das untersagen wollte, sagte Bruckner wie im Selbstgespräch: ‚Nicht wahr, lieber Beethoven, wenn Du noch lebtest, würdest Du mir erlauben, Dich anzugreifen, und die fremden Herren wollen es mir verbieten.' Auf dem Sarge war im Grab ein getrockneter Kranz gelegen und beim Aufheben des Sarges am Grund des Grabes liegen geblieben. Bruckner hielt sich auf, daß man den Kranz so wenig beachte. Ich sprang in's Grab, holte den Kranz und gab Bruckner einige Blätter davon, worüber er große Freude hatte. Am nächsten Tage wohnten wir zusammen den Beisetzungsfeierlichkeiten am Zentralfriedhof bei.

Auch Hruby erzählt in seinen ‚Erinnerungen' etwas abweichend von dem

Ereignis. Er ergänzt noch: Beim Nachhausefahren war er in sehr ernster Stimmung. Der erhabene Akt mochte ihn in seinem Tiefinnersten aufgerüttelt haben. Er sprach keine zehn Worte. Plötzlich bemerkte er, daß ihm aus seinem Zwicker ein Augenglas fehlte. ‚I' glaub', meinte er mit freudiger Rührung, ‚das is' mir in Sarg vom Beethoven nein g'fall'n, wia i' mi' so stark vorbeugt hab'!' Er war ganz glücklich, sein Augenglas im Sarge von Beethoven zu wissen." [28]

„Ich habe hier keinen Menschen ..."

Nach diesem kleinen Exkurs über den Traditionsbezug Bruckners ist es am Platz, sich den musikalischen Früchten zuzuwenden, die jene Zeit in St. Florian getragen hat. Sie sind ein Spiegelbild von Bruckners künstlerischem Wachstum, aber auch eines seiner sozialen Stellung. So entstehen Lieder und Chöre mit Bezug zu Schule und Lehrermilieu, Kirchenwerke (darunter so bedeutende wie das *Requiem*, die *Missa solemnis in b-Moll*, das *Magnificat* und zwei Psalmvertonungen), Quartette für das von ihm gegründete Männerquartett und die Klavierstücke für seine Schüler, unter anderem die Tochter seines Vorgesetzten, Aloisia Bogner, der er auch ein Lied mit der beziehungsvollen Widmung „Frühlingslied ... Gewidmet dem Nahmensfeste einer aufblühenden Frühlingsrose" zueignet: Er ist das erste Mal verliebt, macht zum ersten Mal (es muß um 1850/51 gewesen sein) einen seiner ungeschickten Heiratsanträge – und wird zum ersten Mal, wie später so oft, abgewiesen.

„Die Manuskripte pflegte Bruckner seiner Angebeteten verstohlen ins Fenster zu stecken und bat sie bescheiden nur immer, ihm gut zu sein ... Überquellend gestand sein Gefühl Aloisia eines Tages: ‚Wann Sie meine Frau werd'n möcht'n, tät' i Sie einsperr'n!'
‚Da mag i Eahna nimma', erwiderte resolut die Begehrte, die keine Neigung für Bruckner aufzubringen vermochte.
Nach vielen Jahren, da er sie bei einer Primiz in St. Florian als verheiratete Frau wieder traf, ging er ihr freundschaftlich entgegen mit den Worten: ‚Sie san mei erste richtige Flamme g'wes'n!', wobei er ihr kräftig die Hände schüttelte." [29]

Die vergebliche Werbung war wohl nur zum kleinsten Teil mit eine Ursache für die Krise, in die Bruckner um die Mitte seiner St. Florianer Zeit – also um etwa 1850 – geriet. Noch erschütterter wird er gewiß auf den Selbstmord seines Cousins, Freundes und Lehrers in Hörsching, Johann Baptist Weiß, reagiert haben, der sich am 10. Juli 1850 erschossen hatte. Aber wie auch in seinem späteren Leben war dies nicht nur eine menschliche, sondern auch und wohl vor allem eine künstlerische Krise Bruckners. Noch 1848 hatte er eine Einladung, als Klavierlehrer ans Stiftsgymnasium Kremsmünster zu übersiedeln, abgelehnt, weil er sich nicht von St. Florian trennen wollte. Ebenfalls 1848 hatte ihm nicht nur Kattinger, sondern auch der Stiftsorganist von Seitenstetten in Niederösterreich, Josef Pfeiffer, ein äußerst lobendes Zeugnis ausgestellt. Letzterer bescheinigte Bruckner, daß „seine bisherigen ... schriftlichen Versuche und Leistungen in der Composition, vorzüglich aber seine erprobte, phantasiereiche Fertigkeit im Orgelspiel selbst ... schon jetzt die vollste Anerkennung“ verdienten. Mit dem *Requiem* für den 1848 verstorbenen Gerichtsaktuar und Hofschreiber des Stiftes St. Florian, Franz Sailer (er war mit diesem sehr befreundet gewesen und hatte dessen ganzen

Die große Orgel im Stift St. Florian.

Stolz, einen neuen Bösendorfer-Flügel, geerbt), schien Bruckner wie selbstverständlich in die Nachfolge des nach dem Tode seiner Frau nach Kremsmünster übersiedelnden Organisten Kattinger eintreten zu können. Er wurde zwar am 28. Februar 1850 „provisorischer Stiftsorganist" – doch niemals (obschon ihm das der Regenschori Ignaz Traumihler am 19. Dezember 1855 bestätigen wird) „definitiver Organist", blieb also in einer merkwürdigen Schwebestellung, die gerade ihm, dem so sehr auf Sicherung Bedachten, äußerst qualvoll gewesen sein muß. Daß die Nachfolge des bewunderten Stiftsorganisten Kattinger ein Nahziel war, das Bruckner mit allen Mitteln anstrebte, zeigt auch die Tatsache, daß er zwischen 1851 und 1853 unentgeltliche Kanzleidienste im Gericht St. Florian versah. Vielleicht hoffte er, durch die Kombination Kanzleibeamter – Organist eher in den ersehnten Status Kattingers aufrücken zu können, der dieselben Berufe ausgeübt hatte. Tatsächlich bedeuten der Erfolg des großen *Requiems* in d-Moll für Soli, gemischten Chor, Streichquintett, Horn, 3 Posaunen und Orgel, das in der Stiftskirche am 1. Jahrestag des Hinscheidens Sailers (13. September 1849) aufgeführt wurde, und zwar mit großer Orgel (was sonst nur beim Ableben eines Prälaten geschah), die Aufführung des Werkes zum „Stiftertag" in Kremsmünster am 11. Dezember 1849 und die provisorische Anstellung am 28. Februar 1850 so etwas wie einen letzten Höhepunkt vor der Wende.

„Ich habe hier keinen Menschen, dem ich mein Herz öffnen dürfte, werde auch in mancher Beziehung verkannt, was mir heimlich oft schwer fällt. Unser Stift behandelt Musik und Musiker ganz gleichgültig ... ich kann hier nie heiter sein und darf von Plänen nichts merken lassen." [30]

(Aus einem Brief Bruckners an Hofkapellmeister Ignaz Aßmayr in Wien, 30. Juli 1852.)

Wie schon seinerzeit in Windhaag, so war die Abkühlung des Klimas zwischen dem Stift und Bruckner wohl zum großen (wenn nicht zum größten) Teil Bruckners eigenem Verhalten zuzuschreiben, in dem sich künstlerische Stagnation und menschliches Übergangen-Fühlen gegenseitig unheilvoll bedingten. „Künstlerische Stagnation" – das ist freilich bei einem so großen Talent, als welches sich Bruckner schon damals bewährt hatte, sehr relativ und nur hinsichtlich der noch zu durchschreitenden Entwicklung zum Personalstil zu sehen: In das zweite Jahrfünft der Florianer Zeit fällt die Entste-

hung einiger großer Kirchenmusikwerke, von denen die meisten erst in unseren Tagen eine verdiente Renaissance erleben, unter denen aber lange Zeit nur die *Missa solemnis in b-Moll* (WAB 29) in das Repertoire von Kirche und Aufnahmestudio Eingang fand – und das nur allzu selten.
Skizzen dieses Werkes reichen wohl in frühere Jahre, vielleicht sogar in die Kronstorfer Zeit zurück, doch war der eigentliche Anlaß zur Komposition die Infulierung (= Einsetzung) des neuen Propstes Friedrich Theophilus Mayr am 14. September 1854, der den am 24. März 1854 verstorbenen und von Bruckner sehr betrauerten Prälaten Michael Arneth ablöste. Mayr, der Bruckner nach St. Florian zurückgeholt hatte, war, ebenso wie Arneth, diesem ein großer Gönner. Aber ob Bruckner das in der damaligen Gemütsverfassung noch in seiner ganzen Tragweite erkannte?

„Ich sitze immer arm und verlassen ganz melangolisch in meinem Kämmerlein."[31]

(Aus einem Brief Bruckners an seinen Freund Josef Seiberl
in St. Marienkirchen, 19. März 1852.)

„Die Augustiner Chorherren sind eine religiöse, überindividuelle Wert- und Wesensgemeinschaft – das Laienelement spielt in ihr keine Rolle – eine Gemeinschaft, in der sich jeder seiner Wechselwirkung auf die übrigen Mitglieder bewußt ist und sich jeder als Repräsentant des Ganzen fühlt ...
Das totale Verbundenheitsgefühl der Chorherren nach außen hin verhinderte bis ins 19. Jahrhundert hinein absolut jeden Versuch, die von ihnen selbst errichteten Schranken durch einen nicht zu ihnen gehörigen Menschen durchbrechen zu lassen. Die Chorherren bleiben eine Elite, die zwar viele Menschen in ihr soziales Spannungsfeld einbezieht – aber diese Menschen bleiben Bedienstete, und ein solcher Bediensteter ist auch der junge Bruckner gewesen."[32]

„Aus diesen Tagen wird erzählt, daß Bruckner emsigst Tag und Nacht an der B-Moll-Messe, seiner ersten ‚Fest-Messe' zur Verherrlichung des Prälaten Mayr arbeitete. Am Festtage der Inthronisation aber wurde er nicht zur Tafel geladen. Das kränkte ihn sehr und er entschädigte sich dadurch, daß er im Gasthaus Sperl für sich allein eine Tafel bestellte, mit fünf Gängen und dreierlei Arten Wein, indem er zu sich sagte: ‚Die *Mess' verdient's!'"*[33]

„Die Mess'" verdiente es tatsächlich: Sie stellt die Summe aller bisher erworbenen Kenntnis, allen Fleißes, aller Liebe zur Tradition dar, die uns nicht nur in der Beherrschung der Satztechnik, sondern in zahlreichen Haydn- und Mozart-Zitaten begegnet. Darüber hinaus kündigt sich jedoch schon eine kühnere Harmonik an, kommen die Einflüsse der Schubert-Studien zum Tragen. Was aber das eigentlich Zukunftsweisende ist – oder vielmehr der Schlüssel zur eigenen Zukunft, den Bruckner vielleicht noch gar nicht als solchen erkennt –, ist die wohlgelungene kontrapunktische Arbeit in den Fugen. Sie sollen ihm den Weg bahnen zum damals berühmtesten Theorielehrer seiner Zeit, zu Simon Sechter in Wien, den aufzusuchen ihn sogar Prälat Mayr im Sommer 1855 selbst ermuntern wird.

Bruckner scheint sich im Juni 1852 mehr oder weniger endgültig für eine Berufslaufbahn als Musiker entschieden zu haben: Alle anderen beruflichen Unternehmungen fallen etwas halbherzig aus und werden wegen seines intensiven musikalischen Engagements verschoben. So hat sich Bruckner in vielen Einzelprüfungen 1850 bis 1852 im Lehrfach weitergebildet und sich auch noch zur privaten Abschlußprüfung als Lehrer für Hauptschulen am 22. und 23. Juni 1852 in Linz angemeldet. Er tritt jedoch zu dieser Prüfung nicht an und wird sie erst viel später – im Jänner 1855 – nachholen. Zu dieser Zeit trägt die Prüfung jedoch fast schon wieder den Charakter einer Rückversicherung und nicht so sehr den einer zukunftsorientierten Handlung, ist eher der Angst entwachsen, Vertrautes loszulassen, denn dem Wunsch, auf der Lehrerkarriereleiter eine Sprosse weiter aufzusteigen. Ganz in diesem Sinn zu sehen ist auch das Bemühen Bruckners, in den Staatsdienst aufgenommen zu werden. Er sucht im Juli 1853 darum an, wird aber auch hier in einem Zustand der Unentschiedenheit festgehalten: Die – abschlägige – Antwort erreicht ihn erst im Oktober 1854, also mehr als ein Jahr später.

„Aber eine Art junger Welthunger war in dieser Zeit plötzlich über ihn gekommen. Als seine Ersparnisse es zuließen, drängte ihn sein Wissensdurst, mit dem Leben der Kaiserstadt in Verkehr zu kommen, und immer gebieterischer erschien ihm die Notwendigkeit, seine bisherigen Leistungen, die er in tiefeingewurzeltem Bedürfnisse zu möglichster Korrektheit steigern wollte, anerkannten Autoritäten zu unterbreiten, wie er sie, – seinen *Ansprüchen genügend – in der Heimat nicht vorzufinden wußte.*

So hatte er denn zitternd zu Beginn des Jahres 1852 seine erste Reise nach

A. Bruckner im Jahre 1854 in Wien.

Wien angetreten, um dem Hofkapellmeister Ignaz Aßmayr, den er allmächtig wähnte, die Partitur seines ‚Requiems' zu unterbreiten."[34]

Bruckner hatte Aßmayr schon 1851 im Stift kennengelernt. Nachdem er den Gestrengen zu Jahresbeginn 1852 persönlich aufgesucht hatte, widmete er ihm zum Namenstag eine Komposition, den *114. Psalm*, begleitet vom schon oben zitierten Gratulationsschreiben, in dem er sich so unverblümt über die ihm vermeintlich angetanen Vernachlässigungen ausläßt.
Aßmayr scheint zunächst jedoch nur nichtssagend geantwortet zu haben; Bruckners Stimmung wurde noch gedrückter, als sie es ohnedies schon war. Dennoch unternahm er einen erneuten Anlauf und legte vor Aßmayr am 9. Oktober 1854 eine strenge Prüfung ab, sodaß ihm dieser bescheinigen konnte:

„*Gefertigter bezeuget hiermit, daß Herr Anton Bruckner, Organist im Stifte St. Florian bey vorgenohmener Prüfung desselben sich als ein gewandter und gründlicher Organist erwiesen habe.*

J. Ignaz Aßmayr, k. k. Hofkapellmeister."[35]

Nun hatte Bruckner also zwei Zeugnisse in Händen: das Zeugnis als Hauptschullehrer und das knappe Zeugnis Aßmayrs, das seine Fähigkeiten als Organist bewies. Das wichtigste Zeugnis für seine Zukunft sollte jedoch seine *Missa solemnis in b-Moll* werden. Propst Mayr hatte den selbstlosen Weitblick, Bruckner die Fortsetzung seiner Kompositionsstudien in Wien bei Simon Sechter zu empfehlen; auch ihm, Mayr, mußte wohl das Stift als zu enge Wirkungsstätte für das heranwachsende Genie erschienen sein, und er sah sicher damals schon Bruckners Abschied voraus. Hierin liegt wahrscheinlich auch der Grund, daß man Bruckner nie zum definitiven Organisten hat aufrücken lassen: Das Stift war, so erkannten wohl die Verantwortlichen, nur eine Durchgangsstation auf dem Weg in eine größere Karriere. So bedeutete auch das Zeugnis Robert Führers (1807–1861) über die Kenntnisse in der Komposition für Bruckner mehr als die vorgenannten beiden:

„*... daß Herr Anton Bruckner, d. Z. Hilfslehrer und Organist an der Chorherrenstiftskirche zu St. Florian in Oberösterreich, eine gründliche und umfassende Kenntniß in der Harmonie und im Kontrapunkte besitze und mit* *vollem Rechte zu den talentreichsten, fleißigsten und geübtesten Orgelspielern unserer Zeit gezählt zu werden verdiene. Nicht minder schätzbar als sein eminentes Talent ist auch die Ausdauer und rastlose Thätigkeit, womit er sich den Studien der höheren und wissenschaftlichen Tonkunst widmet, wovon bereits mehrere Kompositions-Versuche das rühmlichste Zeugniß liefern. Überhaupt ist Herr A. Bruckner unbestritten eine sehr beachtenswerte Persönlichkeit in der Reihe kräftig anstrebender Künstler ...“*[36]

(Aus dem Zeugnis des Organisten und Komponisten Robert Führer für Bruckner, St. Florian, 27. April 1855.)

Dem Rat des Propstes folgend, suchte Bruckner im Juli 1855 Sechter auf, der seit 1824 Hoforganist war und seit 1850 Kompositionslehre am Wiener Konservatorium unterrichtete. 1853/54 hatte er sein gewaltiges Werk „Grundsätze der musikalischen Kompositionslehre“ veröffentlicht. Er war nicht nur ein exzellenter Lehrer, sondern auch ein fruchtbarer Komponist, wenngleich seine Kompositionen mehr die Kunst der Regeltreue als wirklich inspirierte Kunst repräsentierten. Berühmt war er auch für seine Angewohnheit, täglich – gleichsam als geistiges Exerzitium – eine Fuge zu komponieren.

„Sechter hatte die Bedeutung seines neuen Schülers sogleich erkannt und ihm geraten, in größere Verhältnisse zu streben, als sie St. Florian seiner bereits erreichten Stufe und seiner weiteren Entwicklung bieten konnte. Diesem Rate zufolge, der ihn innerlich förmlich umstülpte, hatte er wieder eine Zeit neuen Mißmutes zu durchkämpfen.
‚I hätt' eahna zu die Festtafeln nur allweil Cantaten und all's mögliche Zeugs komponier'n soll'n, war aber sunst als reiner Diener g'halt'n, der nur am Diener-Tisch hat essen derf'n und den's so schlecht wia mögli b'handelt haben‘, erzählte der Meister von dieser Zeit in alten Tagen.“[37]

In dieser Phase der Unzufriedenheit dürfte sich Bruckner auch ohne vorheriges Wissen des Propstes Mayr um den Domorganistenposten in Olmütz beworben haben, wie seine Biographen berichten. Durch Dokumente ist dieses Gesuch nicht zu belegen. Dieser Mosaikstein läßt sich jedoch ganz organisch und plausibel einfügen: Propst Mayr habe, so wird erzählt, mit einem heftigen Unmutsausbruch auf diese Bewerbung reagiert, worauf Bruckner verschreckt jede weitere Aktivität zur beruflichen Weiterentwicklung unterließ.

Die Entscheidung

Der unmittelbare Anstoß zur Veränderung mußte demnach von außen, überraschend kommen: Der seit langem kränkelnde Linzer Dom- und Stadtpfarrorganist Wenzel Pranghofer (* 1805), ein achtbarer, aber durch die 1840 erfolgte Übernahme des doch sehr anspruchsvollen Linzer Postens restlos überforderter Mann (er war vorher nicht nur als Sänger und Organist, sondern auch als Schullehrer tätig gewesen), starb am 9. November 1855 an Lungentuberkulose. Es wurde ein Wettspiel ausgeschrieben, zu dem sich Bruckner (ihm saß wohl noch der „Olmützer Schreck“ in den Knochen!) aber nicht angemeldet hatte. Der Linzer Klavier- und Orgelbauer Alfred Just wollte den für das Wettspiel ausgeschriebenen Tag – den 13. November 1855 – dazu benützen, einmal in aller Ruhe die sonst ständig von Bruckner besetzte Orgel in St. Florian nachzustimmen. Er wähnte ja den Stiftsorganisten, wie könnte es anders sein, bei der Bewerbung um den begehrten Linzer Posten. Zu seiner Überraschung traf er Bruckner noch in St. Florian an und konnte diesen unter Aufbietung aller Überzeugungskraft dazu bewegen, sich schleunigst nach Linz zu begeben. So wie er gerade angezogen war („im kurzen Röckerl“), sprang Bruckner also auf den nächstbesten Leiterwagen und fuhr nach Linz.

Dort suchte er zunächst seinen verehrten Lehrer Dürrnberger auf (was wäre geschehen – oder nicht geschehen –, so fragen wir uns heute, hätte er ihn nicht angetroffen?) und holte sich auch von ihm die nötige Ermutigung. Dann ging es zum Wettspiel. Auch wenn wir es als gesichert annehmen, daß Dürrnbergers Sympathien vor allem Bruckner galten und vielleicht auch das von ihm gestellte Improvisationsthema Bruckners Stärken berücksichtigte – selbst ohne diese Begünstigung Bruckners hätten seine Mitbewerber (Engelbert Lanz und Raimund Hain), vom fachlichen Gesichtspunkt aus betrachtet, keine Chance mehr gehabt. Am 15. November 1855 berichtete die Linzer Zeitung:

„Die am 13. d. M. abgehaltene Concours-Prüfung zur provisorischen Besetzung der Dom-Organistenstelle in Linz war von besonderem Interesse ... Bei dieser Prüfung hatte sich überdieß noch eine ansehnliche Zahl von Kunstkennern und Kunstfreunden versammelt. Den Kandidaten ward die Aufgabe gestellt, ein Thema – gegeben und unmittelbar vor der Ausführung nieder-

geschrieben von Professor Dürrnberger – nach streng contrapunktischen Grundsätzen in einer vollständigen Fuge durchzuführen. Diese Aufgabe wurde von den Prüfungs-Candidaten größtentheils mit vieler Geschicklichkeit, insbesondere aber von Herrn Bruckner aus St. Florian – nach dem einstimmigen Ausspruche der Prüfungskommission und der Kunstkenner – ausgezeichnet gelöst, in Folge dessen demselben, wie gestern gemeldet wurde, auch die Dom-Organistenstelle in Linz provisorisch verliehen wurde."[38]

Die von der Zeitung hier zitierte Einstimmigkeit war jedoch eine Illusion. In Wahrheit hatten – dies geht aus den erhaltenen Dokumenten hervor – zwei Mitglieder der Kommission sich bei der unmittelbar nach der Prüfung stattfindenden Konferenz im Bischofshof gegen eine Bestellung Bruckners ausgesprochen, und zwar waren es Chorvikar Arminger und Domscholaster Schiedermayr. Beide bevorzugten, teilweise aus sozialen Gründen, andere Kandidaten, doch das Votum Dürrnbergers und des Linzer Bischofs Franz Joseph Rudigier (* 1811, Amtszeit 1853–1884) zugunsten Anton Bruckners gab den Ausschlag.

Bischof F. J. Rudigier.

„Das Urteil des Herrn Dürrnberger ist mir kompetent und ich bin für Herrn Bruckner.“[39]

(Bischof Rudigier bei der Beratung nach dem Wettspiel in Linz am 13. November 1855.)

In der Person Bischof Rudigiers, der am 5. Juni 1853 in der Wiener Augustinerkirche zum Bischof geweiht worden war, sollte Bruckner ein tatkräftiger Förderer und väterlicher Freund und Berater erwachsen. Rudigier hatte Bruckners Fähigkeiten schon vor dem Wettspiel gekannt, hatte er ihn doch schon mehrmals zu sich nach Linz bestellt. Wir wissen nicht, ob Bruckner damals als Organist an öffentlichen liturgischen Feiern teilnahm oder, so wie später auch, während der persönlichen Andacht des Bischofs im leeren Dom zu improvisieren gebeten wurde. Wir sehen nur (und selbst dies ist gleichsam zwischen den Zeilen zu lesen), daß zwischen dem Bischof und dem Organisten eine wohl aus Standesrücksichten unformulierte, aber in Zeiten der Belastung sich als sehr tragfähig erweisende Freundschaft wuchs.
Zunächst fühlte sich Bruckner jedoch wahrscheinlich mit der zwar lang herbeigesehnten, aber nun so plötzlich auf ihn zugekommenen neuen Situation überfordert. Er kehrte nach St. Florian zurück, wo er sich förmlich verkroch. Zwar spielte er am 8. Dezember 1855, am Tag „Mariae Empfängnis“, zum ersten Mal das Hochamt im (Alten) Dom, zwar übersiedelte er am 24. Dezember nach Linz und begann offiziell seinen Dienst als „provisorischer Dom- und Stadtpfarrorganist“ in der Christmette, doch ignorierte er völlig die mit Ende Dezember festgesetzte Frist zur Einreichung um die „definitive“ Besetzung des Dienstpostens und weilte, sooft es nur ging, in St. Florian, ganz so, als wäre nichts geschehen. Wohlmeinende Bekannte begannen ihn zu drängen:

„Dem wohlgebornen
Herrn Anton Bruckner
Unterlehrer in St Florian.

Linz am 17. xb 855 (= Dezember 1855)

Lieber Herr Bruckner!
Zu meinem Erstaunen höre ich jeden Tag, dß (= daß) Sie, der Sie, doch die Organistenstelle in Linz wünschen, Sich um selbe nicht einmahl in Compe-

tenz setzen. Wenn Sie daher im Termine nicht einschreiten, so können Sie die Stelle nicht erhalten; ich begreife nicht, wie Sie so etwas übersehen können. Weiters fühle ich mich verpflichtet Ihnen zu sagen, daß man bemerkt hat, daß Sie bey Ablegung des Gelübdes im Oberroke, an dem noch dazu ein Knopf fehlte, mit einem Chwal (= Schal) um den Hals und mit Überschuhen erschienen sind. So etwas schickt sich durchaus nicht, ich habe Sie entschuldigt, aber ein zweytesmahl sollen Sie das vermeiden. Überhaupt rathe ich Ihnen öfters nach Linz zu kommen, und sich bey den Herren, die etwas zu entscheiden haben, in Gala, zu präsentiren, ich fürchte sonst, dß Sie Ihren Zweck nicht erreichen, andere Leute machen Schritte während Sie ruhig zu Hause sitzen, und gar nichts thun. Domherr Schiedermayr und Hrn. Bürgermeister müssen Sie cultiviren. Vor allem aber reichen Sie bald Ihr gut instruirtes Gesuch ein. Verzeihen Sie meine aufrichtige Sprache, aber mich ärgert Ihre Sorglosigkeit u. Zuversicht. Sie scheinen die Zeitverhältniße wenig zu kennen.

Ihr
F(reun)d Ruckensteiner"[40]

Auch andere, ähnlichlautende Ratschläge vermochten nicht, Bruckner aktiv werden zu lassen. Wir stehen hier vor einem eigenartigen Phänomen, das uns im Leben Bruckners immer wieder begegnen soll: Tendenzen zur beruflichen Höherentwicklung, zu einer Veränderung und Erweiterung des Horizontes gehen bei Bruckner immer mit einer ebenso starken Beharrungs- und Sicherungstendenz parallel. Beide Tendenzen, die fortdrängend-dynamische und die statische, ergeben in Summe einen Zustand, der Bruckner fast lähmt. So auch jetzt. Erst der ermunternde Zuspruch des Propstes Mayr und die Zusicherung, ihm die Organistenstelle in St. Florian auf zwei Jahre zu reservieren, können Bruckner dazu bewegen, sich um die definitive Verleihung des Postens zu bewerben – knapp vor Ablauf der Frist.

Während der Zeit der Unentschlossenheit aber sammelt Bruckner in St. Florian Zeugnisse über seine Tätigkeit als Lehrer und als Organist. Chorregent Ignaz Traumihler bescheinigt ihm lobend, daß er „sich innerhalb der genannten Zeit durch seinen ihn besonders auszeichnenden Fleiß bei seiner natürlichen Begabung bereits so ausgebildete Kenntnisse im Generalbasse und Contrapunkte erworben" habe, „daß er als Organist für jede Cathedralkirche nur auf das Vortheilhafteste empfohlen werden kann, wozu ihn überdies sein religiöses Gemüth und sein kirchlicher Sinn ganz vorzüglich geeignet" machten.

Zum Namenstag seines Beichtvaters und unmittelbaren Vorgesetzten als Lehrer, des Florianer Pfarrers und späteren Propstes Jodok Stülz (1799–1872), komponiert Bruckner noch einen *Festgesang* (WAB 15). Dachte er noch daran, daß er kurz vorher darüber bitter geklagt hatte, man behandle ihn schlecht im Stift und er müsse, wie eine Fronarbeit, „allweil Cantaten und all's mögliche Zeugs" komponieren? Die letzten Wochen in St. Florian werden wohl mehr von Unruhe und Wehmut gekennzeichnet gewesen sein. Am Heiligen Abend des Jahres 1855 hieß es Abschied nehmen: Bruckner übersiedelte nach Linz.

Linz 2 (1855–1868)

Der Berufsmusiker

Linz im Jahre 1855: Das bedeutete für Bruckner, aus dem geschützten Milieu des Stiftes zu übersiedeln in eine Stadt mit damals immerhin rund 27 000 Einwohnern, mit einem von der Presse aufmerksam kommentierten Theater- und Konzertwesen, mit Chorvereinigungen (wie der 1845 gegründeten Liedertafel „Frohsinn") und Bällen, mit einer gesellschaftlichen Oberschicht, deren Kinder standesgemäß Klavierspielen zu lernen hatten. Für Bruckner war Linz zwar nicht fremd, hatte er doch hier schon die Präparandie absolviert und die Stadt auch später des öfteren aufgesucht, doch war das Milieu ein anderes, säkulares, und selbst der Dom- und Stadtpfarrorganist war, trotz seiner engen Bindung an die Kirche, kein Bediensteter einer klösterlichen Gemeinschaft mehr, sondern ein Berufsmusiker, der auch je-

J. Hafner: „Linz: Landstraße mit dem St. Florianer Stiftshaus" (2. Haus von rechts, in dem A. Bruckner 1855 kurz wohnte). Lithographie.

derzeit Gefahr laufen konnte, in künstlerische Kontroversen und Intrigen hineinzugeraten. Und in Probleme hineinzugeraten, dafür war Bruckner geradezu prädestiniert, wie sich bald zeigen sollte.

Am 24. Dezember 1855 war Bruckner in Linz eingetroffen und hatte seine Dienstwohnung im sogenannten Organistenstöckl am Pfarrplatz bezogen, wo auch sein unmittelbarer Vorgesetzter, Domkapellmeister Carl Zappe (1812–1871), wohnte. Zappe war ein hochbegabter, für seine ausgefeilte Technik berühmter Geiger, der nachhaltig das Musikleben der Landeshauptstadt Linz prägte. Seine Karriere hatte ihn in die Theaterorchester von Prag, Graz und Wien (Josefstädter Theater) geführt und ihm viel Lob, darunter auch das des berühmten Komponisten Konradin Kreutzer (*Das Nachtlager von Granada*), eingetragen. 1834 war er, erst 22jährig, als Orchesterdirektor an das Landständische Theater in Linz gekommen, wo er in der Folge Unglaubliches auf die Beine stellte: Aufführungen der Opern *Norma* (Bellini, 11. April 1840), *Fidelio* (Beethoven, 2. Oktober 1840), *Oberon* (Weber, 18. November 1840), *Ernani* (Verdi, 7. Oktober 1842) und *Nabucodonosor* (= *Nabucco*, Verdi, 31. Oktober 1854). Für diese Aufführungen engagierte er die besten Sänger aus Wien, Mailand und Sankt Petersburg, veranstaltete zusätzlich große Wohltätigkeitskonzerte und gründete ein eigenes Streichquartett, in dem außer ihm der Cellist und Theaterkapellmeister Otto Kitzler, ein ebenfalls von der modernen Musik begeisterter Musiker, brillierte.

So unerbittlich Zappe in seinen künstlerischen Ansprüchen war, so beliebt war er ob seiner Freundlichkeit bei seinen Kollegen. Dies mag für Bruckner gleich zu Anfang seines Linzer Aufenthaltes so etwas wie Heimat bedeutet haben. Von eminenter Wichtigkeit war überdies die Tatsache, daß Zappe der damals modernsten Musikrichtung äußerst aufgeschlossen gegenüberstand: Wieder einmal war Bruckner genau dorthin geführt worden, wo sein Talent die meiste Förderung zu erhoffen hatte.

Seinen Einstand in Linz „feierte" der neue, noch „provisorische" Dom- und Stadtpfarrorganist jedoch mit einem unliebsamen Streit: Um die Stadtpfarrorgel war es arg bestellt. Zwar war sie erst 1852 vom Salzburger Orgelbaumeister Ludwig Mooser erbaut worden, der kränkelnde Organist Pranghofer hatte sich jedoch in den letzten Lebensjahren nicht mehr um die regelmäßige Wartung des Instrumentes kümmern können, sodaß die Orgel vollkommen verwahrloste, wie Ludwig Moosers Mitarbeiter Hofstedter in einem Brief vom 2. Jänner 1856 schrieb: „Die Stadtpfar Orgel traf ich nicht im besten Zu-

Linz: Stadtpfarrkirche, Orgel. Alte Photographie.

stand das ganze Werk war ganz unrichtig geschrauft ... das Pfeifenwerk ... voll Staub und Mist ..." Bruckner wurde als Orgelsachverständiger zu einem Gutachten herangezogen, das sehr sachlich, knapp und mäßig ausfiel. In der Folge schienen jedoch sein Temperament und seine künstlerischen Ansprüche mit ihm durchgegangen zu sein, sodaß sich der Orgelbauer Mooser beschwerte, man sei überaus verletzend mit ihm umgegangen; getroffen habe ihn in erster Linie „die anmaßende Erklärung des gegenwärtigen Organisten, welcher sich nicht entblödet, mir vis a vis im Prinzip der Orgelbaukunst über mein Werk böswillig abzuurteilen ..."

Mitten in diese unliebsame Kontroverse hinein fiel die „Competenz-Prüfung" an der Domorgel, bei der über die definitive Besetzung des begehrten Postens entschieden werden sollte. Vom Wettspiel der vier Kandidaten – es waren dies Georg Müller (ein Musiklehrer aus Linz), Ludwig Paupie (der Welser Stadtpfarrorganist), Raimund Hain (Lehrer an der St.-Mathias-Pfarrschule in Linz) und Bruckner – berichtet das Protokoll:

„Anton Bruckner wurde aufgefordert, ob er das von Paupie als zu schwer zurückgelegte Thema in C. min. übernehmen wolle? wozu er sich auch sogleich bereit erklärte und sowohl dasselbe in einer strengen, kunstgerechten vollständigen Fuge, als auch die ihm auferlegte schwierige Choralbegleitung mit so hervorragender Gewandtheit und Vollendung zum herrlichsten Genuß verarbeitet und ausgeführt hat, daß dessen ohnedieß in der praktischen Behandlung der Orgel, wie nicht minder in seinen bekannten sehr gediegenen Kirchenmusik-Compositionen bewährte Meisterschaft sich neuerlich mit aller Auszeichnung fest erprobte.
Die Resultate dieser individuellen Leistungen haben sonach von selbst zu dem allseitig gleichen Erkenntniße und zu dem ganz einhelligen Urtheile geführt, daß unter allen vorstehenden Concurrenten dem Anton Bruckner in vollster Gerechtigkeit entschieden nicht nur weitaus der Vorzug gebührt, sondern daß: in Erwägung der wichtigen und einflußreichen Stellung eines Domorganisten überhaupt zur Ehre der ersten und obersten Kirche in der ganzen Diöcese, in Erwägung seines nächsten Berufes als Vorbild und Muster wahrer, erhabener kirchlicher Kunstübung für alle Organisten der Diöcese, und, in Erwägung der daraus von selbst hervorgehenden Nothwendigkeit grundhältiger allgemeiner Anerkennung und Achtung der Authorität seiner Person im ganzen wissenschaftlichen und technischen Bereiche dieses Faches, insbesondere in Fällen verlangter Belehrung, Unterweisung oder klarer Lichtung vorkomender Zweifel für jeden wahrhaft Fach befließenen, auch einzig nur Anton Bruckner auf Grund seiner langjährigen sehr verdienstlichen, ebenso eifrigen Studien, als unermüdeten technischen Ausbildung, als für diesen Beruf durchwegs vollkommen und würdig erkannt werden kann.“[41]

Unterzeichnet ist dieses für Bruckner so schmeichelhafte Dokument unter anderem von Johann August Dürrnberger.
Dieses so glänzend bestandene Wettspiel öffnete Bruckner die Tore zu einer Laufbahn als Berufsmusiker. Das bei Kattinger in St. Florian Gelernte trug reiche Frucht, und bald sollte Bruckner als einer der bedeutendsten Organisten Europas gelten. Daß er das nicht blieb, sondern daß sein Schicksal während der Linzer Zeit wieder gleichsam einen Haken schlug und ihn aus dieser sich allmählich festigenden Sicherheit hinaustrieb in seinen eigentlichen „Lebensberuf als Symphoniker“, wird sich am Ende dieses Lebensab-

schnittes zeigen, in dem Bruckners ganze Existenz in eine zerrüttende Krise geraten sollte.
Doch nun, in der ersten Hälfte seiner Linzer Jahre (bis etwa 1860/61), steht eindeutig die Orgel im Vordergrund. Bruckner ist der anerkannte Fachmann, dessen Gutachten als kompetent erachtet werden. Seine nächste Sorge gilt der Orgel im (Alten) Dom, einem Werk Franz Xaver Chrismanns, das zunächst (in der 2. Hälfte des 18. Jahrhunderts) für das Kloster Engelszell gebaut, nach der josephinischen Klosteraufhebung 1790 jedoch an den (Alten) Dom nach Linz übertragen wurde. Die durch Bruckner eingeleitete Umbauphase, im wesentlichen durch die Ottensheimer Orgelbauer Joseph und Leopold Breinbauer durchgeführt, dauerte von 1856 bis 1867, also fast bis zu Bruckners Weggang aus Linz. Die Domorgel wurde so sehr sein geliebtes Instrument, daß er sich bei seiner Übersiedlung nach Wien 1868 von ihr auf sehr persönliche Weise verabschieden sollte: Bruckner habe sich, so erzählt man bis in unsere Tage, nach seinem letzten Spiel auf der Orgel mit seinem Namenszug verewigt. In Wahrheit finden sich hier (einer der ganz stillen, bewegenden Momente im Leben des Meisters!) sehr versteckt, unter der vorspringenden Oberkante des Spieltisches verborgen – mit Bleistift und unverkennbar von Bruckners Hand – die Worte „lebe wohl“.

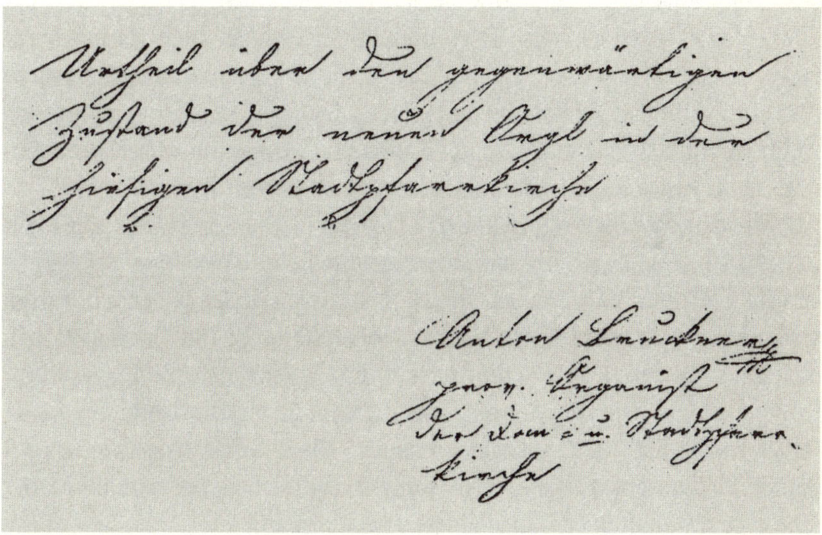
Urtheil über den gegenwärtigen Zustand der neuen Orgl in der hiesigen Stadtpfarrkirche

Anton Bruckner m/p
prov. Organist
der Dom- u. Stadtpfarr-
kirche

A. Bruckner: „... Urtheil über den gegenwärtigen Zustand der neuen Orgl in der hiesigen Stadtpfarrkirche ...“

Bald nach seiner Ankunft in Linz war Bruckner der Liedertafel „Frohsinn" als ausübendes Mitglied beigetreten. Der Chor (aus dem die heutige Linzer Singakademie erwachsen ist) war seit seiner Gründung durch Ignaz von Figuly eine der Säulen des Linzer Musiklebens in der zweiten Hälfte des 19. Jahrhunderts, ganz gemäß seinem Gründungszweck „Ernstes Streben auf dem Gebiete des Gesanges, vermischt mit Frohsinn und Heiterkeit". Die Tätigkeit des Chores war äußerst vielseitig: Es gab große Konzerte im Redoutensaal, im Theater und im Volksgarten, große Messen im Dom, Wohltätigkeitskonzerte, Faschingsabende, „patriotische Feste", Serenaden, Ehrungen für Dichter und Komponisten, wie die Mozart-Feier von 1856.
So reiste Bruckner mit dem Chor im September 1856 zur Mozart-Zentenarfeier nach Salzburg, wo er gegen den dort anwesenden Robert Führer zu einem der damals so beliebten „Wettspiele" auf der Domorgel antrat:

„Bruckner berührte uns wie ein Gigant. Die unerhörteste Phantasie brauste uns entgegen; als der Größere für die Zukunft erwies sich freilich damals schon Bruckner."[42]

(Bericht des Ohrenzeugen Aemilian Posch aus Linz.)

Das allgemeine Urteil soll, so berichten Bruckners Biographen, jedoch ein sehr geteiltes gewesen sein: Der Großteil der Zuhörer hielt Bruckner für einen Narren. Schon hier zeigte sich, daß die Orgel für Bruckner nicht so sehr ein Instrument zur Interpretation eines gängigen Konzertrepertoires als vielmehr ein Instrument der Improvisation und Inspiration war. Das Schöpferische in Bruckner, das doch nach den ersten großen Kirchenkompositionen, wie dem *Requiem* von 1849 und der *Missa solemnis in b-Moll* von 1854, so eröffnet schien, ist jetzt auf eine eigentümliche Weise zum Schweigen verurteilt. Der Grund hiefür scheint, so Bruckner in Andeutungen, ein Verbot seines Lehrers Simon Sechter, bei dem er seit Sommer 1855 Unterricht hat, oder ein selbstauferlegtes Verbot zu sein: Erst wieder als vervollkommneter Komponist will Bruckner vor die Öffentlichkeit treten. Bis dahin gestattet er seiner Kreativität – mit Ausnahme einiger kleiner Gelegenheitswerke – lediglich, sich in seinen Orgelimprovisationen auszuleben, und deren Wirkung muß eine wahrhaft überwältigende gewesen sein.
Bischof Rudigier, der viele dieser musikalischen Sternstunden miterlebte (und die meisten wohl allein erlebte, wenn Bruckner für ihn in der leeren

A. Bruckner in der Liedertafel „Frohsinn".

Kirche spielte), gestand, diese Musik habe ihn das Beten vergessen lassen, so sehr habe sie ihn in ihren Bann gezogen.

Überhaupt scheinen die ersten Linzer Jahre eine Zeit des Experimentierens, des Erfahrungsammelns, der Investition in die später so unbändig hervorbrechende schöpferische Eigenständigkeit zu sein: Sogar die Kunstausübung in der Liedertafel „Frohsinn" dient mehr der Kreativität im Sinne einer Schule des Hörens. Freunde Bruckners erinnern sich, er sei bei Chorproben plötzlich verstummt und habe nur mehr konzentriert gelauscht, um besondere Klangwirkungen in sich aufnehmen zu können. Daneben begünstigt die Liedertafel aber mit ihrem Angebot an Konzerten, Abendunterhaltungen, Tanzabenden (die Nichte Dürrnbergers, Marie Madeleine, bezeichnet Bruckner als einen „ziemlich guten Tänzer"!) und Ausflügen auch eine rasche gesellschaftliche Integration des neuen Domorganisten.

Dieser reserviert jedoch mit nüchterner Ökonomie einen Großteil seiner kostbaren Zeit für die Studien bei Simon Sechter, die zunächst postalisch – mit brieflich ausgetauschten Aufgaben und deren Lösungen – vor sich gehen. Für Routineaufgaben im anstrengenden Dienst an den beiden Kirchen zieht Bruckner sehr bald Substituten heran (einer davon, Karl Waldeck, sollte später sein Nachfolger werden) und beantragt schon 1858 eine Trennung der beiden Organistenposten – sie wird ihm jedoch nicht bewilligt. Bereits in diesen Jahren tritt der für Bruckner ganz charakteristische Zug hervor, daß Anstellungen und berufliche Karriere zwar stets ersehnt und angestrebt werden, daß sie jedoch im Grunde nur der Existenzsicherung, dem von materieller Sorge entlasteten Schaffen-Können, dienen sollen.

Wunschtraum Wien

Ab Sommer 1858 sucht Bruckner Sechter regelmäßig in Wien auf: im Sommerurlaub und in der Fastenzeit, in der die Orgel zu schweigen hatte. Ab 1858 setzt auch die Flut an Zeugnissen über die schweren Prüfungen ein, denen sich Bruckner unterzieht: Generalbaß (10. Juli 1858); Orgel (Prüfung in der Piaristenkirche, 12. Juli 1858); einfacher Kontrapunkt und strenger Kirchensatz (12. August 1858); doppelter, dreifacher und vierfacher Kontrapunkt (3. April 1860); Kanon und Fuge (26. März 1861). Spätestens 1861 wird klar, daß zwar in erster Linie der Wunsch nach künstlerischer Vervollkommnung diesen härtesten aller Studiengänge diktiert hat, daß Bruckner aber parallel dazu wieder eine höhere Sprosse der Karriereleiter anstrebt. Am 20. Oktober 1861 schreibt Bruckner an die Direktion des Konservatoriums der Gesellschaft der Musikfreunde in Wien:

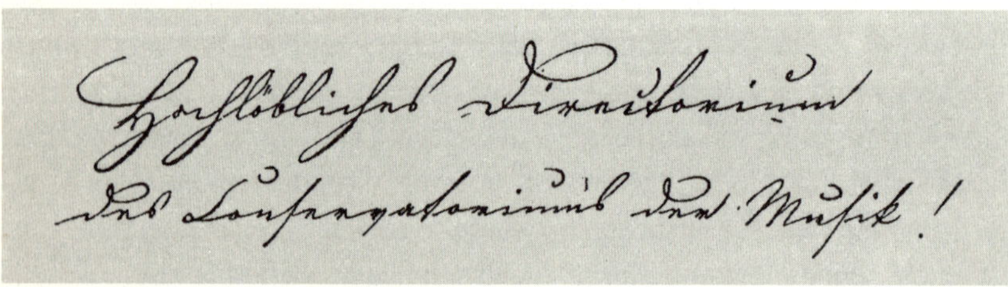
Hochlöbliches Directorium
des Conservatoriums der Musik!

A. Bruckner: Brief aus dem Konservatorium, 20. 10. 1861.

„Hochlöbliches Directorium des Conservatoriums der Musik!
Der Gefertigte, gegenwärtig Domorganist in Linz, hat seit Oktober 1855 aus besonderer Vorliebe für die strenge musikalische Composition unter der Lei-

tung des H. Professors Sechter sich mit großen Opfern diesem Studium gewidmet, brachte seit 1858 jährlich zu diesem Zwecke sechs Wochen in Wien zu, wo er den größten Theil jeden Tages bei H. Professor Sechter theils Vorträge vernahm, theils Examen bestand, wie beiliegende Zeugnisse a b c d e beweisen.
Die zu diesen vier Privatprüfungen verfertigten Arbeiten wird der Gefertigte einem Hochlöblichen Directorium vorzulegen sich erlauben.
Der Gefertigte erlaubt sich demnach die unterthänigste Bitte, das hochlöbliche Directorium wolle demselben gnädigst die Zulassung zu einer Prüfung am Conservatorium gestatten, und im Befähigungsfalle der Titel „Professor der Harmonielehre und des Contrapunktes" mittelst eines Diploms gnädigst verleihen. Den hiezu erforderlichen Bedingungen und Auslagen unterzieht sich der Gefertigte mit größter Bereitwilligkeit.
Der Gefertigte hat Urlaub von 18. November an, an welchem Tage er sich in Wien bei H. Professor Sechter einfinden wird; er bittet daher unterthänigst, ihm in der dritten oder doch in der vierten Woche des November gnädigst einen Tag bestimmen zu wollen.
Hochachtungsvollst
Linz den 20. Oktober 1861. *Anton Bruckner*
Domorganist."[43]

Nachdem das Konservatorium sich – trotz Bruckners Hinweis auf Dürrnberger, der seinerzeit eine solche Qualifikation erworben habe – nicht in der Lage sieht, den Titel eines Professors zu verleihen, gibt sich Bruckner auch mit der vorgeschlagenen Lösung zufrieden: Er wird am 19. November unter Vorlage seiner Studienarbeiten zu einer theoretischen Prüfung vor die Kommission geladen, die aus Simon Sechter (Hoforganist und Professor am Konservatorium), Josef Hellmesberger sen. (artistischer Direktor des Konservatoriums und Konzertmeister), Johann Herbeck (artistischer Direktor der Gesellschaft der Musikfreunde, Chormeister des Männergesang-Vereines und des Sing-Vereines), Otto Dessoff (Kapellmeister am Hofoperntheater und Professor am Konservatorium) und Moritz Adolf Becker (Referent des Konservatoriums) besteht. Nach der Einsichtnahme in Bruckners schriftliche Arbeiten verzichtet man jedoch auf eine theoretische Prüfung und setzt für den 21. November eine Orgelprüfung in der Piaristenkirche an.

„Da stand endlich Herbeck auf und sagte: ‚Wir haben Bruckners schriftliche Arbeiten durch die ganze Zeit seiner Studien seit 14 Tagen hier und gesehen, daß er die schwierigsten kontrapunktischen Probleme gelöst hat, was alles ihm keinen Vorzug geben würde vor Anderen, die mit Auszeichnung studieren. Sollte aber Bruckner imstande sein, ein Thema, welches wir ihm geben, sogleich auf einem Instrumente als Fuge durchzuführen, so würde ihm das den Vorzug vor Anderen einräumen.'
Jetzt wurde ich gefragt, ob ich mich dem unterziehen wolle und auf welchem Instrumente, Klavier oder Orgel. Ich bejahte und erbat mir die Piaristen-Orgel ...
Um 1 Uhr war pünktlich alles versammelt. Herbeck forderte Sechter auf, ein Thema aufzuschreiben, was er in vier Takten tat. Darauf sagte Herbeck zu Dessoff: ‚Verlängern Sie ihm das Thema!' ‚Ach nein', antwortete dieser. ‚Nun, wenn Sie's nicht tun, tu's ich' erwiderte Herbeck und gab noch vier Takte dazu, worauf ihm Dessoff zurief: ‚Ach, Sie Grausamer!' ...
Als ich geendet hatte, hat sich ein wahrer Jubel unter der Kommission effektuiert, Herbeck meinte: ‚Er hätte uns *prüfen sollen!' ...*
Von dort her ließ mich Herbeck nicht mehr aus den Augen und stammt auch meine Berufung als Hoforganist und ans Konservatorium nach dem Tode Sechters."[44]

(Bruckner erinnert sich an seine große Prüfung.)

Bei der Bewerbung um den ersehnten Professoren-Titel, die zunächst nur einen Teilerfolg – die glänzend bestandene Prüfung – gebracht hatte, war Bruckner mit der Bekanntschaft Herbecks der eigentliche Wurf in die Zukunft geglückt, nachdem andere, ebenfalls zukunftsorientierte Anstrengungen mißlungen waren. So hatte Bruckner mit seinem Kollegen in der Liedertafel „Frohsinn", Engelbert Lanz, im Jänner 1859 bei der Statthalterei in Linz um die Bewilligung zur Errichtung einer „Gesangs-Akademie", einer Musikschule also, angesucht. Ist hierin auch einer der Gründe zu suchen, daß er unmittelbar vorher um die Trennung des Dienstes im Dom von dem in der Stadtpfarrkirche eingekommen war? Wir wissen es nicht; wir wissen auch nicht, was Bruckner und Lanz dazu bewog, das Gesuch selbst wieder zurückzuziehen. Die Angelegenheit ist jedoch jenen Ausbruchsversuchen Bruckners zuzurechnen, die uns seit seiner Florianer Zeit immer wieder begegnen. Ein ähnlicher Versuch erfolgt unmittelbar vor der Prüfung in Wien, nämlich im Sommer 1861, als er sich um den Posten des Direktors am Dom-Musik-Verein und Mozarteum in Salzburg bewirbt und in seinem Brief vom 22. Juni 1861 als Grund angibt: „Zu diesem Schritte treibt ihn lediglich der Wunsch eine Lebensstellung einzunehmen, in der es gilt, das Leben mit einer artistischen Mission auszufüllen und zu wirken auf dem Gebiete der Musik.“ Das Gesuch wird abschlägig beschieden, Bruckner erfährt vorzeitig, daß der Posten durch Protektion schon mit dem ehemaligen Florianer Lehrer Hans Schläger so gut wie besetzt worden sei. Nun erscheint ihm logischerweise

Piaristenkirche in Wien.

das Probedirigieren als Farce; nur um das Gesicht zu wahren, fährt er nach Salzburg – erzielt aber dort, fast krank vor Zorn, einen großen Erfolg, nicht in der Erlangung des Postens, sondern durch die Wirkung, die sein 7stimmiges *Ave Maria* (WAB 6) hervorruft.

Dieses Werk ist tatsächlich etwas ganz Besonderes: Es steht nicht nur am Ende der langen Studienjahre bei Sechter, in denen der Komponist Bruckner – mit Ausnahme einiger weniger unbedeutender Gelegenheitswerke – schwieg, sondern es ist auch das erste vollgültige Werk, in dem auf knappstem Raum der Meister wirklich „geistlicher" (weil echte subjektive Frömmigkeit und objektiven künstlerischen Ausdruck vollkommen in Deckung bringender) Musik zu uns spricht. Jedem, der die dreimalige Anrufung des Namens Jesus auch nur einmal gehört hat, wird die Intensität und Leuchtkraft dieser Takte unvergeßlich bleiben:

„Die Bewegungslosigkeit, ihr ‚Nur-Klingen', der völlige Verzicht auf Führung einzelner Stimmen in gewohnter kontrapunktlicher Manier, das alles deutet darauf hin, daß diese Stelle nicht mehr als musikalischer Ausdruck allein gewertet werden darf, sondern als Bekundung metaphysischen Seins ..."[45] (Leopold Nowak.)

Die routinierte, ja perfekte Chorbehandlung ist wohl auch Bruckners Tätigkeit in der Liedertafel „Frohsinn" zu danken. Er hat im Chor zunächst als ausübendes (bis 2. September 1858), dann als unterstützendes Mitglied Gelegenheit gehabt, Klangwirkungen zu studieren und Erfahrungen zu sammeln. Dies kommt ihm auch zugute, als er dem Chor ab 21. Dezember 1860 als Chormeister vorsteht. Er führt ihn zu großen Erfolgen, so beim Festkonzert zur Eröffnungsfeier des ersten frei gewählten Landtages in Linz (19. April 1861), beim Ersten deutsch-österreichischen Sängerfest in Krems (29./30. Juni 1861) und beim Nürnberger Sängerfest (20. – 22. Juli 1861).

Worin die „zu argen Beleidigungen" bestanden haben, die Bruckner im September 1861 zum Austritt aus der Liedertafel „Frohsinn" bewogen, läßt sich nicht mehr mit Sicherheit sagen. Hatte er sich durch seine hochgeschraubten künstlerischen Ansprüche beim Chor unbeliebt gemacht? War es eine Intrige um seinen berühmten Konkurrenten (wer spricht jetzt noch von ihm?) Anton M. Storch? Spöttelte man über ihn wegen der mißlungenen Salzburger Bewerbung? Oder wegen seiner Reaktion auf einen derben Scherz in Nürnberg

(Sangesbrüder hatten ihm eine schwarzlockige Kellnerin in, wie die Biographen schreiben, „peinlich verführerischem“ Zustand nachts aufs Zimmer geschickt, und Bruckner hatte sie, scheu zurückweichend, von sich gewiesen – sicher zum Gaudium der Kollegen)? Wir wissen es nicht. Am 25. Oktober 1861, demselben Tag, an dem der Brief mit der Bewilligung zur großen Prüfung in Wien eintrifft, wird ihm von der Liedertafel „Frohsinn“ eine Ehrenurkunde als Dank für die Tätigkeit als Chormeister ausgestellt. Der Konflikt ist somit, zumindest äußerlich, bereinigt.

Die eigene Sprache gefunden

Man könnte meinen, Bruckner habe nun ein für allemal genug an theoretischem Wissen in sich aufgesogen. Dies trifft nur zum Teil zu: Galt es doch, das theoretische Skelett mit dem Fleisch der Instrumentation zu umkleiden und dem genialen Einfall auch die adäquate Form zu verleihen. Beides, Instrumentation und Formenlehre, wollte er bei dem um zehn Jahre jüngeren Theaterkapellmeister Otto Kitzler (1834–1916) – wir haben ihn schon als den Cellisten des Zappe-Quartetts kennengelernt – studieren. Linz war nur eine kurze Station im Leben dieses weitgereisten Weltmannes, der in Dresden, Paris und Prag studiert hatte, Berlioz, Schumann, Wieck und die Tochter Konstanze Mozarts aus ihrer Ehe mit Nissen kannte, in Linz den *Tannhäuser* Richard Wagners aufführte und dadurch mit dem „Meister aller Meister“ in persönlichen Kontakt gekommen war.
Kitzler war, wie schon Zappe, ein Anhänger der ultramodernsten Musikrichtung und insbesondere der Musik Wagners. Daß Bruckner mit ihm und dieser neuartigen, faszinierenden Musik zusammentraf, bedeutete für ihn eine wahre Revolution, ja eine Explosion an künstlerischem Potential. Kitzler erinnerte sich an diese Zeit:

„Schon in die erste Zeit meines Linzer Aufenthaltes fällt meine Bekanntschaft mit Bruckner. Wir hatten uns am Kirchenchore kennengelernt, wo ich hie und da aus freiem Antriebe bei größeren Messen mich als Cellist beteiligte. Vom Herbst 1861 nahm Bruckner regelmäßigen Unterricht in der Orchestration bei mir ... Beethovens Sonaten bildeten die vergleichende Grundlage unserer Übungen (in der Formenlehre), und Bruckner bezeugte stets

besondere Freude, wenn er auf eine, seinen frühen Satzstudien bei Sechter zuwiderlaufende musikalische Wendung oder Gestaltung stieß ...
Wagner'sche Opern waren, wie ich schon früher erwähnt, bis zu dieser Zeit in Linz noch nicht aufgeführt worden. Bruckner hatte, meines Wissens bis dahin noch keine Wagner'sche Oper gehört, denn während seiner bei Sechter absolvierten Studien, welche ihm durch kurzen Urlaub nach Wien ermöglicht wurden, war Bruckner von seinen Studien so in Anspruch genommen, so daß er kaum die Hofoper besuchen konnte ... Sein Erstaunen war daher nicht gering, als ich ihm sagte, daß ich Wagner's ‚Tannhäuser' aufführen wollte, und wuchs, als ich ihm die Partitur brachte und ihn auf die Schönheit des Werkes, auf die Neuheit der Instrumentation aufmerksam machte ... Das war im Dezember 1862 ... Bruckner machte gründliche Partiturstudien vor und nach der Aufführung des ‚Tannhäuser'. Kurz vorher, daher noch nicht unter dem Eindrucke dieses Werkes, hatte Bruckner bei mir seine (wirklich) erste Symphonie in F-moll vollendet. Es war dies mehr eine Schularbeit, zu der er nicht besonders inspiriert gewesen war ..."[46]

Bruckners Leben verläuft – wie es für ihn fast charakteristisch ist – wieder gleichsam auf zwei Ebenen: Zum einen ist er der anerkannte Domorganist und Kirchenmusiker. Als solcher erhält er von Bischof Rudigier den sehr ehrenvollen Auftrag, für die Grundsteinlegung des Neuen Domes eine *Festkantate* (WAB 16) zu komponieren. Zum anderen jedoch brodelt unter der so tragfähig erscheinenden Schicht gesellschaftlicher Anerkennung, materieller Sicherung und lokalen Ruhmes das Magma einer keineswegs abgeschlossenen künstlerischen Entwicklung.
Der Dombau war ein Vorhaben, an dem Rudigier mit ganzem Herzen hing: Schon in früher Jugend ein großer Marienverehrer, faßte er nach der Verkündigung des Dogmas von der Unbefleckten Empfängnis Mariens durch Papst Pius IX. am 8. Dezember 1854 den Plan, in Linz eine große Marienkirche zu erbauen, die zugleich Domkirche sein sollte. Er verstand es, die Begeisterung des Volkes für sein Projekt zu gewinnen, sodaß die Kathedrale, die der Kölner Baumeister Vincenz Statz entworfen hatte, fast ausschließlich aus Spendengeldern finanziert werden konnte. Mit den festlichen Ereignissen rund um die erste Bauphase bis zur Einweihung der Votivkapelle (sie wurde sofort nach ihrer Fertigstellung 1869 für Gottesdienste genützt) ist der Name des Domorganisten Bruckner auf das engste verknüpft.

Neuer Dom in Linz, 1885 (vollendet 1924).

„... wurde die von Herrn Professor Dr. Pammesberger verfaßte und vom Herrn Anton Bruckner in Musik gesetzte Festkantate von der Liedertafel ‚Frohsinn' unter Mitwirkung der Regimentskapelle schwungvoll aufgeführt und vorgetragen. Eine herrliche prachtvolle Komposition! ... Wir wünschten sehr im Interesse der Kunst, daß diese Kantate nicht gleich anderen Gelegenheitsstücken der Vergessenheit anheimgegeben, sondern daß sie veröffentlicht und in weiten Kreisen bekannt gemacht würde ...“[47]

(Die Linzer Zeitung über den Festakt zur Grundsteinlegung des Neuen Domes, 2. Mai 1862.)

Diese *Festkantate* konnte sich – wohl hauptsächlich wegen des so sehr zeitgebundenen Textes – keinen bleibenden Platz im Repertoire erobern. Ganz anders das zweite große Werk, das mit dem Dombau aufs engste verknüpft war: Es ist dies die *Messe in e-Moll* (WAB 27), zu der Bruckner von Bischof Rudigier 1866 den Auftrag erhielt und die bei der Einweihung der Votivkapelle (1869) zur Aufführung gelangen sollte. Bruckner wird dazu schon als der k. k. Hoforganist von Wien an seine frühere Wirkungsstätte Linz zurückkehren. Doch noch war er in Linz und stand als Künstler im Licht der Öffentlichkeit. Diese Öffentlichkeit war zwar noch lokal begrenzt, schon in wenigen Jahren sollte Bruckner aber diese Grenzen sprengen: Der Weg in die Haupt- und Residenzstadt Wien begann sich abzuzeichnen. Was sich aber auch noch abzeichnete, war die künstlerische Entwicklung des Domorganisten:

„Bruckners Messe hat bereits bei der vor kurzem in der hiesigen Domkirche erfolgten ersten Ausführung allgemeine Sensation erregt, und die größte Bewunderung aller Kunstfreunde hervorgerufen. Es war daher sehr natürlich, daß sich der allgemeine Wunsch geltend machte, daß dieses Kunstwerk baldigst zu einer zweiten Aufführung gebracht werde, welche gestern Abends im landschaftlichen Redoutensaale erfolgte …“ [48]

(20. Dezember 1864.)

„… Im Anschlusse an Liszt nennen wir Herrn Bruckners D-Messe als das hervorragendste Werk der jüngsten Zeit auf kirchlichem Gebiete …“ [49]

(20. Dezember 1864.)

„Herr Bruckner hat nicht nur mit großer Meisterschaft die höchsten Aufgaben der Tonkunst gelöst, sondern auch, und zwar namentlich seine Begabung für den höheren Styl, die Symfonie bewiesen …“ [50]

(29. Dezember 1864.)

„Der Dom-Organist Herr Anton Bruckner, dessen Messe im vorigen Jahre einen so großen und für ihn so ehrenvollen Erfolg hatte, hat soeben die Komposition einer Symfonie vollendet, welche derselbe noch im Verlaufe dieses Frühjahres hier zur Aufführung bringen wird … Die uns gestattet gewesene Einsicht in die Partitur hat uns bereits einen Vorgeschmack von der Schönheit und Großartigkeit dieses neuesten Werkes des reichbegabten Komponisten gegeben. Die Musikfreunde haben somit einen großen Genuß und Anton Bruckner einen neuen Triumph zu erwarten.“ [51]

(14. April 1866.)

„Am Sonntag wurde in der Hofkapelle zu Wien eine große Messe vom hiesigen Domorganisten Bruckner aufgeführt, und wir lesen darüber im ‚Fremdenblatte‘ u. A. Folgendes: ‚Vor Jahren hat dieser Tonkünstler bei dem Altmeister Sechter die Kompositionslehre durchgemacht, und ist aus dieser

Schule, die an Strenge und Grausamkeit der Priesnitz'schen Wasserkur vergleichbar, mit glänzenden Fähigkeiten ausgestattet hervorgegangen. In Bruckner's Messe läßt sich diese Schule wohl stellenweise an der Kunst der Mache durchfühlen; was aber die Auffassung des Meßtextes betrifft, so liegt sie von Sechter's Richtung meilenweit ab. Sie ist nämlich wesentlich poetisch, und zwar zu einem großen Theile poetisch im Sinne der Zukunftsmusiker, so daß meistens eben so viel an Musik verloren geht, als an Poesie gewonnen wird. Namentlich macht sich diese poetisirende, schildernde und malende Tendenz im eigentlichen Herzen des Meßtextes, im Credo, bemerkbar; hier geht Bruckner jeder Verlockung zu poetischer Illustration in die Falle. In anderen Sätzen, wie im Kyrie und im Agnus, bleibt er strenge bei der Stange, und aus diesen Stücken leuchtet eine unleugbare musikalische Begabung von nicht gewöhnlicher Art. Offenbar hat sich bei Bruckner in ein ursprünglich gesundes Kernholz ein fremdartiges Pfropfreis gesenkt, welches an seinen besten Kräften zehrt. Möge er dieses Gewächs bei der Wurzel fassen und es um seiner eigenen musikalischen Zukunft willen herzhaft herausreißen. Und nun sprechen wir schließlich einen alten Lieblingsgedanken aus, wenn wir Herrn Bruckner wünschen, es möchte ihm gelingen, sich in Wien auf die Dauer musikalisch niederzulassen. Man könnte in Wien diesen Tonkünstler, der sich einer fast sträflichen Bescheidenheit befleißigt, an zwei Handhaben fassen: an seinen großen theoretischen Kenntnissen und an seinem wahrhaft bedeutenden Orgelspiel. Ist keine Kirche für ihn gebaut, kein Lehrstuhl für ihn vakant? ...'"[52]

(14. Februar 1867.)

„*Gründungsfest der Liedertafel ‚Frohsinn'.*
... Das Programm begann und schloß mit Richard Wagner. Den Anfang bildete der Chor der Ritter und Edelfrauen aus der Oper ‚Tannhäuser' (2. Act, 4. Scene), das Ende der Schlußchor des 2. Actes aus der Oper ‚Meistersinger'. Was die letztere Composition betrifft ... so ist sie ebenso kraft- und schwungvoll wie alle neueren Compositionen R. Wagner's, imponirt aber durch ihre geniale Orchestration wie durch ihre glänzenden Effecte noch mehr, als diese ... Das größte Verdienst möchten wir aber dem Chormeister der Liedertafel, unserem ausgezeichneten Domorganisten Herrn Bruckner, zuschreiben ..."[53]

(7. April 1868.)

„Herr Anton Bruckner hat mit seiner großen Symphonie in C-Moll die gewöhnliche Form derselben (wie sie Beethoven geschaffen) beibehalten ... Ob Herr Bruckner von den drei formellen Gesichtspunkten: Instrumentirung, Architektur, Verknüpfung, aus, – Vollkommenes erreicht hat, darüber mag die Meinung getheilt sein; gewiß ist, daß er auch von diesen Gesichtspunkten aus Großes geschaffen, ja, daß gerade hieraus seine große und wirkliche Begabung abzuleiten ist. Ueber die hiedurch erreichten großen Schönheiten des Werkes schwebt freilich durch das Streben nach Effekt auch ein leichter Schatten; aber das hervorragende Talent Bruckners tritt uns auch hier entschieden entgegen und wir wünschen, daß er bald eine seinen Fähigkeiten und musikalischen Kenntnissen entsprechende Stellung in der Residenzstadt Wien finden möchte, um seinem schöpferischen Streben mit Muße obliegen zu können ... Der hochwürdigste Herr Bischof Franz Josef Rudigier beehrte das Concert mit seiner Gegenwart ...“[54]

(11. Mai 1868.)

„Herr Domorganist Bruckner in Linz wurde zum Professor des Generalbasses und Contrapunktes am Conservatorium in Wien ernannt.“[55]

(14. Juli 1868.)

„Personalnachricht. Der hiesige Domorganist Herr Bruckner wurde zum k. k. Hoforganisten ernannt. Wir sind überzeugt, daß seine zahlreichen Freunde diese Nachricht mit aufrichtiger Freude vernehmen werden. Wir theilen denselben bei diesem Anlasse zugleich mit, daß Herr Bruckner dieser Tage mit der Composition seiner dritten Messe fertig geworden ist, und daß der Herr Hofrath und Kanzlei-Director des k. k. Obersthofmeisteramtes Ritter v. Imhof-Geißlinghof die Widmung derselben angenommen hat.“[56]

(10. September 1868.)

Durch diese hier so ausführlich zu Wort gekommenen Kritiken der Linzer Zeitung sind wir gleichsam atemlos-faszinierte Zeugen einer enormen Entwicklung geworden. Mehr noch: Es war ein Sich-Öffnen einer künstlerischen Persönlichkeit hin zur Eigenständigkeit, zum unverwechselbaren Personalstil, wie es in der Musikgeschichte wohl kein zweites Mal in einer derartigen Gewalt anzutreffen ist. Was war geschehen?

Bruckner hatte, wir erinnern uns, beim Theaterkapellmeister und Cellisten

Otto Kitzler Unterricht in Formenlehre und Instrumentation genommen und sich am Ende dieser Studienzeit in einer aus der mittelalterlichen Handwerkertradition stammenden Zeremonie feierlich „freisprechen“ lassen bei einem fröhlichen Essen am Abend des 10. Juli 1863 im Jägerhaus am Kürnberg, wohin er seinen Lehrer und dessen Frau eingeladen hatte. Bruckner aber schloß sich unmittelbar nach dieser Freisprechung noch einmal einem Lehrer an. Bei dem aus Wien stammenden Theaterkapellmeister und Geiger Ignaz Dorn (um 1830 bis 1872) – er übernimmt die Stelle des nach Temesvar engagierten Kitzler – ist es fast fehl am Platz, von einem „Lehrer“ im strengen Sinn zu sprechen. Es ist eher die Nähe eines Gleichgesinnten, eines von der musikalischen Moderne, von den Werken Richard Wagners, Franz Liszts und Hector Berlioz' begeisterten Freundes, die Bruckner sucht. Dorn war ein schwärmerisches Talent, das durch seine Impulsivität und Labilität nach einem fast bühnenwirksam tragischen Leben an Säuferwahn zugrunde

A. Bruckner als Chormeister der Liedertafel „Frohsinn“, 1868.

gehen sollte: eine Figur, wie sie den Werken E. T. A. Hoffmanns entsprungen sein könnte. Er hatte durch seine Tätigkeit im Orchester der Wiener Hofoper schon die Werke der allerneuesten Musikrichtung intensiv kennenlernen können. Sein freundschaftlicher Rat bedeutete Bruckner viel bei den ersten Schritten auf dem ganz eigenständigen Weg und begleitete die Entstehung der *1. Symphonie* (WAB 101) und der *d-Moll-Messe* (WAB 26).

„‚Mei liaba Dorn, geh, schau amal das an, derf ma denn dös schreib'n?'
‚Du mußt dich ganz frei fühlen, daß Du was kannst, weiß eh die ganze Welt, Du wirst noch ein sehr großer Mann.'"[57]

(Dialog zwischen Bruckner und Dorn.)

„Was war denn Bruckners ureigenstes Problem? Er hatte im Grunde Bedenken, einem ekstatisch gesteigerten Ausdrucksbedürfnis zu früh Folge zu leisten ... Das Aufblühen bei Bruckner ist nun aber nicht das Ergebnis des Bekanntwerdens mit Wagner, auf keinen Fall. Die Entwicklung bei Bruckner war ja am Kulminationspunkt angelangt, das Adäquate dabei ist nur, daß er im Abschluß dieser Entwicklung die Darstellung des Expansiven bei Wagner kennenlernt. Diese Begegnung wirkte enthemmend, was sicher sehr wichtig war ... Im ganzen bedeutet dies eine Ermutigung aus einer musikalischen Wesensverwandtschaft heraus, die es ja in der Musikgeschichte immer wieder gegeben hat ..."[58] (Franz Grasberger.)

Parallel zur enormen künstlerischen Entwicklung, die Bruckner in seinen letzten Linzer Jahren nimmt, ist auch sein Aufstieg auf den Sprossen der Karriereleiter. Zwar sammelt er noch große Erfolge als Komponist schwungvoller Chöre, zwar ernennt man ihn 1868 ein zweites Mal zum Chormeister der Liedertafel „Frohsinn", doch ist es spätestens seit dem überwältigenden Erfolg der *Messe in d-Moll* (WAB 26) ganz klar, daß man Bruckner nicht in Linz wird halten können. Man rät ihm, eine seinem Talent adäquate Stellung in der Residenzstadt anzustreben, „um seinem schöpferischen Streben mit Muße obliegen zu können" – ein Ziel, das Bruckners eigenen größten Wunsch ausspricht, das zu erreichen ihm jedoch niemals vergönnt sein wird; denn in den eisernen Raster seiner Wiener Dienstverpflichtungen an Hofkapelle, Konservatorium und Universität wird er fast bis zuletzt eingespannt bleiben.

Einigen Menschen kommt das bleibende Verdienst zu, Bruckner bei seinem Durchbruch zu einer ganz persönlichen Musiksprache den Rücken gestärkt zu haben. Hier ist, außer seinen Lehrern Kitzler und Dorn, in erster Linie das Ehepaar Moritz und Betty von Mayfeld zu nennen. Er, Regierungsbeamter und äußerst versierter Musiker (so waren aus seiner Feder Klaviertranskriptionen Wagnerscher Werke bei Breitkopf & Härtel erschienen), setzte sich für Aufführungen der Werke seines Schützlings ein. Ihm ist nicht nur die Wiederholung der *d-Moll-Messe* (WAB 26) als Concert spirituel in Linz zu danken: Der anonyme Rezensent, der so auffallend gebildet über Bruckners *1. Symphonie* (WAB 101) in der Linzer Zeitung berichtet hatte, war niemand anderer als Mayfeld selbst. Seine Frau Betty war eine hervorragende Pianistin, die sogar das Lob Clara Schumanns hatte erringen können. Das Ehepaar machte Bruckner in seinen Linzer Jahren mit den Symphonien Beethovens vertraut, später sollten es Bruckners eigene Symphonien sein, die sie erstmals – allein für den Komponisten – zum Erklingen brachten.

„Einmal, es war beim Andante der II. Symphonie, wurde Bruckner von dem Ausdruck ihres Spieles so hingerissen, daß er mitten im Satze auf die Knie sank und mit ausgebreiteten Armen ausrief: ‚Gnädige Frau, Sie sind eine Göttin!'" [59]

„Ins ‚Symphonische' hat mi der Mayfeld eini 'trieb'n!" [60]

Eine Schlüsselfigur ist auch Johann Ritter von Herbeck, der seit 24. April 1866 den fast „allmächtigen" Posten eines Hofkapellmeisters bekleidete und Bruckner schon, wie sich dieser selbst erinnerte, seit der großen Prüfung in der Piaristenkirche im Jahre 1861 nicht mehr aus den Augen gelassen hatte. Die Aufführung der *d-Moll-Messe* (WAB 26) in der Wiener Hofburgkapelle (12. Februar 1867) war ein Vertrauensbeweis und ein Signal zugleich: Dieser Mann gehört in die Residenz, war das gleichlautende Urteil der Kunstkenner. Als Simon Sechter, tiefbetrauert von Bruckner, am 10. September 1867 starb, schien der Zeitpunkt gekommen, den Schritt nach Wien zu wagen. Doch nicht nur Wien hatte Bruckner im Blick, auch andere Städte, ja Kontinente schienen im Bereich des Möglichen zu liegen, wie die Bewerbungen zeigen. Bruckner schrieb an die Hofkapelle in Wien (14. Oktober 1867), an die Universität Wien (2. November 1867), an das Mozarteum in

Salzburg (2. April 1868) und dachte sogar daran, einen Posten in Mexiko am Hofe Kaiser Maximilians anzunehmen:

„In diesen Tagen erschütterte die Nachricht von dem unglücklichen Ausgang des Abenteuers, in welches sich der Bruder des Kaisers Franz Josef I., Maximilian, durch die Annahme des Kaiserthrones von Mexiko eingelassen hatte, alle Gemüter. Der Erschießungstod Maximilians hatte auch Bruckner in größte Aufregung versetzt, denn er war, wie Weinwurm, aufgefordert worden, als Hoforganist an den Kaiserhof nach Mexiko zu gehen. Er erbat sich in dieser Angelegenheit den Rat des Bischofes Rudigier, der ihm sagte, er solle es nur versuchen, denn er sei zu Großem berufen, doch fürchte er, daß ihm das dortige Klima schaden könnte. Noch ehe er sich entschieden, war die Katastrophe eingetreten.“[61]

Inzwischen war die Stelle des verstorbenen Simon Sechter ausgeschrieben worden. In Wien wunderte man sich, daß sich ausgerechnet Bruckner nicht darum bewarb. So spielte Herbeck Schicksal und reiste zu Bruckner nach Linz:

„Ich traf ihn zu meinem nicht geringen Erstaunen im Hotel Krebs auf der Veranda an meinem gewöhnlichen Tische sitzen, wo er mich aufforderte, mit ihm sodann nach St. Florian zur großen Orgel zu fahren, auf welcher Fahrt er mir Eröffnungen zu machen habe. Das geschah, und Direktor Herbeck entledigte sich des Auftrages in Betreff meiner Berufung ins Konservatorium nach Wien von Seite der Direktion der Gesellschaft der Musikfreunde, hinzufügend: ‚Ich kenne Sie genau, Sie sind berufen, gründlichen kontrapunktischen Unterricht zu erteilen. Gehen Sie aber nicht, so gehe ich nach Deutschland um einen Fachmann, meine aber, es ist für Österreich eine größere Ehre, wenn ein Einheimischer am Platze ist.‘ Zugleich sagte mir Herr Hofkapellmeister Herbeck, von Seite des hohen k. k. Obersthofmeisteramtes ist mir die Hoforganisten-Expektanz in Aussicht gestellt, wenn ich die Professur annehme …“[62]

(Bruckners Erinnerungen an Herbecks Überredungskunst.)

Wie schon bei seinem Schritt von St. Florian nach Linz, vom Schullehrer zum Berufsmusiker, packt Bruckner auch nun plötzlich die Angst, ja sie stei-

J. Ritter v. Herbeck.

gert sich bis zur Verzweiflung, er schreibt an Herbeck (Bruckners Brief ist verschollen, nur die Antwort des Hofkapellmeisters ist erhalten), er wolle „aus der Welt gehen", und in seiner Panik bewirbt er sich in München bei Hofkapellmeister Hans von Bülow:

„Entschuldigen Herr Baron gnädigst, daß ich Euer Hochgeboren mit einer Bitte belästigen muß, und zwar in einer Zeit, wo jeder Augenblick für Hochselben goldern ist. Gewiße Umstände drängen mich dringend. Ich war so glücklich, mir in Österreich durch mein Orgelspiel einen Namen errungen zu haben … Erlaube mir gnädigst die geheime Bitte und Frage: Wenn ich in meinem Vaterlande übergangen werden sollte, da ich nicht ewig in Linz bleiben kann, könnte ich nicht durch Ihre u. P. T. H. Wagners Empfehlung Audienz beim König bekommen, und die Orgel spielen Sr. Majestät, um auf

solche Weise vielleicht eine Stelle ... zu bekommen? ... Ich bitte demütigst u. innigst, diese meine Bitte und Anfrage als tiefstes Geheimnis bewahren zu wollen, und namentlich keinem Wiener etwas hievon zu eröffnen ...“ [63]

(Bruckner an Hans von Bülow, 20. Juni 1868.)

Dieser Brief, von dem doch etwas durchgesickert war, stellte für Bruckner später eine außerordentliche Peinlichkeit dar, die er so rasch wie möglich vergessen wollte, denn mittlerweile langte ein fast väterlich beruhigender Brief Herbecks ein:

„Liebster Herr Bruckner!
Es geht ja Alles gut! Also ruhig Blut! Haben Sie so wenig Vertrauen auf mein gegebenes Wort, daß Sie sich zu so jammervollen Ausbrüchen gedrängt glauben. Es ist nicht wahr, daß Sie überall daneben kommen, daß Sie ihr Vaterland verstoßt, Sie müssen nur so gerecht sein, einzusehen, daß eine Existenzfrage nicht im Handumdrehn abgethan werden kann ... Ihre Sache wird jetzt den unaufhaltsamen, geraden und günstigen Weg gehen. Niemand kann ihr schaden, höchstens Sie selbst, wenn Sie nämlich an andere Persönlichkeiten ebenfalls so überspannte Briefe richten würden, wie Ihr heute an mich gekommenes Schreiben ist. Also nicht ‚aus der Welt!‘ sondern ‚in die Welt‘ gehen, keine eines Mannes u. Künstlers Ihres Schlages unwürdige Verzagtheit, Sie haben keine Ursache dazu ...“ [64]

(Johann Herbeck an Bruckner, 20. Juni 1868.)

Die Wendung nach München, die Hoffnung auf Protektion durch den verehrten Meister Wagner, den er 1865 bei einer Aufführung von *Tristan und Isolde* persönlich kennengelernt hatte, waren der letzte Fluchtversuch Bruckners vor dem entscheidenden Schritt in die Residenzstadt Wien, an die letzte, die bedeutendste Station seines Lebens und seiner künstlerischen Entwicklung. Niemand konnte Bruckner diese Entscheidung abnehmen. Zwar war er gut und freundschaftlich beraten von vielen Seiten: von seinem Bischof Rudigier, von Hofkapellmeister Herbeck, von Freunden aus seiner Jugend, ja sogar vom gestrengen Kritiker Eduard Hanslick („Verlassen Sie sich, ich werde Ihnen in Wien alle Wege ebnen!“), der ihm später so zu schaffen machen sollte; doch entscheiden, das mußte Bruckner sich allein. Und er war allein, das fühlte er mehr denn je.

Zweiter Exkurs: Liebe und Freundschaft

„Mutter gestorben“ hatte Bruckner schon am 11. November 1860 in seinen Notizkalender eingetragen. Die Beziehung zwischen Mutter und Sohn muß eine sehr innige gewesen sein, das dürfen wir annehmen, auch wenn Dokumente darüber fehlen. Aber in den entscheidenden Dingen außerordentlich schweigsam zu sein: das kennzeichnete nicht nur die Landbewohner an und für sich, das war auch einer der Charakterzüge Anton Bruckners. Mit einem Photographen aus Linz fuhr Bruckner hinaus nach Ebelsberg, wo seine Mutter gelebt hatte, und ließ sie photographieren: auf dem Totenbett, in der feierlichen schwarzen Tracht des Landes, mit dem im Nacken verknoteten großen Kopftuch, einen Rosenkranz in den gefalteten Händen. Dieses Bild hing fortan in seinem Zimmer, aus Pietät verdeckt mit einem dunkelgrünen Vorhang; es war ihm Zufluchtsort in Depressionen, in Panik und in Krisen. Allein mag sich der Linzer Domorganist wohl auch noch zu Lebzeiten seiner Mutter gefühlt haben, denn dem Berufsmusiker konnte sie nicht mehr –

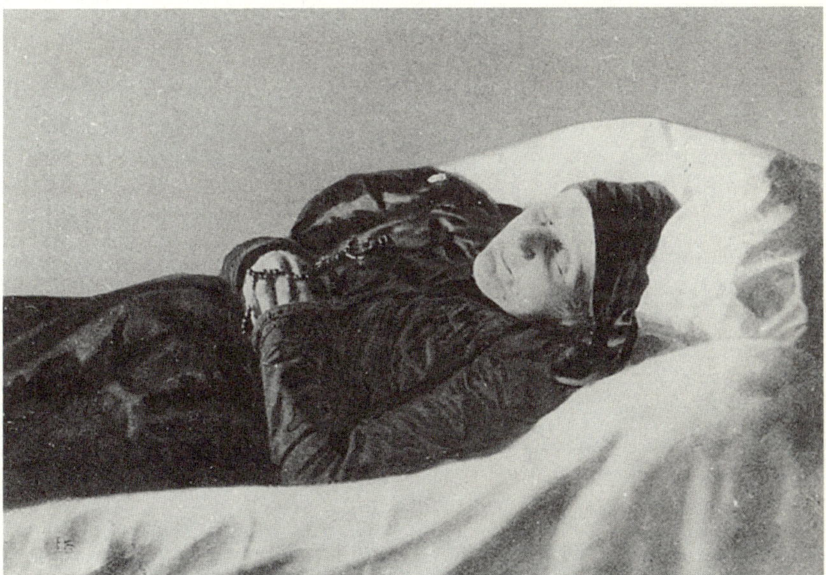

A. Bruckners Mutter auf dem Totenbett. Photographie.

so wie noch dem Florianer Lehrer – mit Ratschlägen und Trost helfen. Das Alleinsein und -bleiben war aber nicht das, was Bruckner sich bewußt vorgenommen hatte. Er war fast immer „ein bißchen verliebt“, wie er selbst bekannte, einige wenige Male, vielleicht nur ein einziges Mal, mehr als „ein bißchen“: Die Linzer Fleischhauerstochter Josefine Lang (1844–1930) hatte es ihm angetan. Ihr Bild (eine Photographie aus späteren Jahren) zeigt eine schöne junge Frau mit fast südlichen Zügen, etwas melancholischem Ausdruck in den dunklen Augen und einer prachtvollen Haarkrone. Bruckner warb um sie in einem sehr ernsten, sehr dringlichen Brief:

„Sehr verehrtes, liebenswürdiges Fräulein!
Nicht als ob ich mich mit einer Ihnen befremdenden Angelegenheit an Sie, verehrtes Fräulein wenden würde, nein in der Überzeugung, daß Ihnen längst mein zwar stilles, aber beständiges Harren auf Sie bekannt ist, ergreife ich die Feder um Sie zu belästigen. Meine größte und innigste Bitte, die ich hiemit an Sie, Frl. Josefine zu richten wage, ist, Fräulein Josefine wollen mir gütigst offen und aufrichtig Ihre letzte und endgiltige, aber auch ganz entscheidende Antwort schriftlich zu meiner künftigen Beruhigung mittheilen und zwar über die Frage Darf ich auf Sie hoffen und bei Ihren lieben Ältern um Ihre Hand werben? oder ist es Ihnen nicht möglich aus Mangel an persönlicher Zuneigung mit mir den ehelichen Schritt zu thun?“[65]

(Bruckner an Josefine Lang, 16. August 1866.)

Es war Josefine tatsächlich „aus Mangel an persönlicher Zuneigung“ nicht möglich; sie schickte Bruckner, der ihr zu alt war (der Altersunterschied betrug immerhin 20 Jahre) die Geschenke – eine goldene Uhr und ein Gebetbuch – zurück und heiratete einige Jahre später (1870) den Kaufmann und künftigen Bürgermeister Josef Weilnböck (1836–1889) in Neufelden.

„Bruckners Bruder Ignaz konnte sich noch im Alter erinnern, daß die Absage ein schwerer Schlag für den Bruder gewesen war; ‚da is der Tonerl schiach g'wes'n‘, meinte er.“[66]

Aber genau zwei Wochen nach dem allem Anschein nach von ernsthaftem Gefühl diktierten Schreiben an Josefine Lang ist Bruckner schon wieder anderweitig auf Brautschau:

*J. Lang, verehelichte Weilnböck.
Photographie.*

„... Das liebe Wesen heißt Henriette Reiter, 18 Jahre alt, spricht mehrere Sprachen etc. ist bei ihrer Mutter Susanna Reiter in Wien, Josefstadt, Kaiserstraße N 27 ... Das Mädchen soll 3 000 fl Vermögen besitzen. Das ist freilich blutwenig ... Da ich schon 42 Jahre alt werde, ist höchste Zeit ... Das Mädchen gefiele mir wohl sehr ... möchtest Du Dich nicht ... näher um ihre Sitten etc um ihre pecuniären Verhältnisse erkundigen bei sicherer Quelle ... Es ist wohl sehr unbescheiden von mir, Dir solche Lasten aufbürden zu wollen. Jedoch ich habe keinen so intimen Freund in Wien als Dich ... Was wolltest Du mir neulich aus Salzburg sagen? Welches Mädchen? hübsch? reich? lieb? Sei doch offen – denn der Moment muß nahen ...“[67]

(Bruckner an seinen Freund Rudolf Weinwurm,
30. August 1866.)

Die Werbungen Bruckners: Sie sind schon hier – zu einer Zeit, als er noch ein stattlicher Vierziger ist – ein merkwürdiges Gemisch aus Verliebtheit (oder Liebe?), handfesten materiellen Überlegungen und wachsender Torschlußpanik. In zunehmendem Maße wird die Liebe Bruckners dem Zustand des Verliebtseins an sich gelten, nicht so sehr einem konkreten Objekt der Zuneigung. Doch nun, da sie noch ganz realistisch gemeint sind, schmerzen die zurückgewiesenen Anträge bitter. Der Vertraute ist – nicht nur in künstlerischen, auch in Herzensangelegenheiten – der Freund Rudolf Weinwurm (1835–1922). Bruckner hatte ihn im Jahre 1856 nach der Rückkehr von der Mozart-Zentenarfeier in Salzburg kennengelernt. Rudolfs Bruder Alois, der bald (1857) die Linzer Liedertafel „Sängerbund" gründen sollte, vermittelte die Bekanntschaft, Rudolfs aufrichtige und neidlose Bewunderung von Bruckners Orgelspiel festigte sie zur Freundschaft. Diese war freilich fast ein wenig einseitig, denn Bruckners Briefe, besonders jene aus den ersten Jahren, bestanden häufig nur aus Aufträgen, Bitten (z. B. um die Beschaffung eines Zimmers für die Studienaufenthalte in Wien) und Klagen über tatsächliche oder vermeintliche Intrigen und Benachteiligungen:

„Ich freue mich schon herzlich Linz hinter dem Rücken zu haben. Werde Dir Manches erzählen, worin Du echte Krähwinkler-Charaktere ahnen, ja deutlich erkennen wirst ..." [68]

(Aus einem Brief Bruckners an Rudolf Weinwurm,
10. Februar 1861.)

Rudolf Weinwurm, wie Bruckner einer Lehrerfamilie entstammend, wie Bruckner als Sängerknabe – allerdings im Stift Zwettl – aufgewachsen, hatte das Piaristengymnasium und anschließend die Universität Wien besucht, wo er Jus studierte. Die Musik war ihm jedoch stets wichtiger gewesen als jeder andere Beruf, und seine Karriere sollte ganz in ihrem Zeichen stehen: 1858 gründete er den Wiener Akademischen Gesangverein, 1862 wurde er Universitätsgesanglehrer, 1864 Dirigent der Singakademie, und 1866–1869 war er Chormeister des Wiener Männergesangvereines.
1880 wurde er schließlich – als Krönung seiner Laufbahn – Universitätsmusikdirektor und Inspektor des Musikunterrichtes an den k. k. Lehrerbildungsanstalten.
Er war der wichtigste „Verbindungsmann" Bruckners nach Wien. Die Beziehung zwischen den beiden Musikern war jedoch nicht ohne Spannungen. Sie traten erstmals zutage, als Weinwurms Chor *Germania* den ersten Preis beim Oberösterreichisch-Salzburgischen Sängerfest im Juni 1865 davontrug – und Bruckners ebenfalls eingereichter *Germanenzug* (WAB 70) nur den zweiten.

Festschrift des Akademischen Gesangvereines (auf dem Titelblatt rechts R. Weinwurm).

Auch nach Bruckners Übersiedlung nach Wien ersparte das Schicksal den beiden Musikern keineswegs schmerzhafte Konflikte: Weinwurm war, wie Bruckner, an der Lehrerbildungsanstalt St. Anna tätig und, was am schwersten wog, vor allem an der Universität Wien – und zu allem anderen war Weinwurm auch noch ein Freund des gefürchteten Kritikers Eduard Hanslick.

Daß sich selbst in diese Beziehung, in der Bruckner viel Vertrauen bewies und sich rückhaltlos öffnete (wie die erhaltenen Briefe bezeugen), Mißtrauen, Eifersucht, Verdächtigung einschleichen konnten, läßt uns die Frage stellen, ob Bruckner je einen wirklichen Freund hatte, ja ob er zur Freundschaft überhaupt fähig war. Was verstand Bruckner denn selbst unter „Freundschaft"?

Es wäre naheliegend, widmete ein Komponist seinen Freunden auch etwas von seinen Werken. Betrachtet man die stattliche Liste von Bruckners Widmungsträgern, so fällt jedoch auf, daß sich dieser Kreis in erster Linie aus Vorgesetzten, Gönnern und Personen zusammensetzt, denen Bruckner sich verpflichtet fühlte. In den wenigsten Fällen ist die Gesamttendenz dieser Widmungen durchbrochen, wie etwa bei solchen an Mädchen, bei Werken zur Verschönerung eines Festes oder bei musikalischen Nachrufen. Sehen wir uns als Gegenprobe die Werke ohne Widmungen an, so ist das Ergebnis keineswegs ohne Aussage: Von einigen weniger bedeutenden Jugendwerken und einigen Opera aus der gesellschaftlich bedingten Chorliteratur abgesehen, sind sie erstens Kirchenwerke oder stehen (in einem Fall) in einem gewissen religiösen Kontext, zweitens finden wir sie allesamt an biographisch besonders wesentlichen Punkten. Zwei Werke schließlich – das *Te Deum* (WAB 45) und die *9. Symphonie* (WAB 109) – haben einen Widmungsträger, allerdings keinen irdischen: Das *Te Deum* trägt die Widmung „Omnia ad maiorem Dei gloriam" („Alles zur größeren Ehre Gottes"), die *Neunte* sollte, nach eigener Aussage, „dem lieben Gott" gewidmet sein.

Eine andere Quelle, die hier in Betracht kommt, sind die Briefe. Darin ist ein interessantes „Gefälle" zu beobachten, das schon Max Auer richtig erkannte. Im Vorwort seiner Briefausgabe schreibt er: „Die Briefe aus der Linzer Zeit und den ersten Jahren des Wiener Aufenthaltes beschäftigen sich noch mehr mit den persönlichen Verhältnissen und lassen uns Blicke in das Seelenleben des Meisters tun, während die späteren sich mehr mit der Sorge um das Schicksal des Werkes befassen und in den letzten Jahren oft von lapidarer

Kürze sind." In der Tat verlieren die Briefe, trotz freundschaftlicher, vertrauter Anreden, zunehmend den Charakter des wirklich Persönlichen und kreisen statt dessen um künstlerische Fragen, um Drucklegung und Aufführung der Werke. Bruckner bestimmte sein Werk, wie er am 27. Jänner 1891 an Felix von Weingartner schrieb, einem „Kreis von Freunden und Kennern". „Freunde" waren für ihn diejenigen, die sein Werk verstanden und liebten, und sie mußten nicht einmal seine Zeitgenossen sein, sondern er erahnte sie auch in „späteren Zeiten". War Bruckner deshalb ein Opportunist, der seine persönlichen Kontakte nur nach dem Prinzip des größtmöglichen Nutzens suchte und bewertete? Des Nutzens wofür? Für sein Werk, das in steigendem Maße sein Leben bestimmte, ja vereinnahmte, und für das er zur strengsten Disziplin und zu den größten Opfern bereit war. Verstand und schätzte jemand sein Werk – und das war unter anderen ein großer Teil der Jugend, die sich durch die Identifikation mit dieser kühnen Musik auch gesellschaftlich vom Hergebrachten, Bürgerlichen, Gründerzeitlichen abheben wollte –, dann sah sich Bruckner selbst (als Mensch, als Person) verstanden. In diesem Fall konnte es geschehen, daß er sich plötzlich und überraschend auch persönlich öffnete und Einblicke gewährte, die seinem Gesprächspartner intuitiv klarmachten, man habe es hier mit einem der bedeutendsten Künstler der Zeit zu tun. Die Folge seitens des Gesprächspartners war dann meist Verehrung, Freundschaft, ja Liebe, die über Bruckners manchmal schwieriges, widersprüchliches und wohl auch rücksichtslos erscheinendes Verhalten hinwegsehen konnte, die sein Selbstmitleid ertrug sowie seine ständigen, im Alter nur mehr eingebildeten Geldsorgen, seine Herrschsucht und seine übertriebene Devotion, seine schlechtsitzenden Anzüge und seine urwüchsigen Tischmanieren.

Und die Frauen? Wie sich schon bei den so erfolglos verlaufenen Werbungen um Aloisia Bogner in St. Florian und Josefine Lang in Linz gezeigt hatte, zog Bruckner in jüngeren Jahren ganz ernsthaft die Gründung eines Hausstandes in Erwägung. Er dachte daran mit der ganzen praktischen Bodenständigkeit seiner Natur, seiner Herkunft, seiner Zeit. Er dachte daran auch mit der ganzen Selbstverständlichkeit seiner religiösen Überzeugung, nach der die gelebte Sexualität ausschließlich der Ehe vorbehalten war. Auf den ersten Blick war da kein Platz für jene leidenschaftliche Romantik, wie sie sich so gut in der Biographie eines Musikers des 19. Jahrhunderts ausnähme. Oder doch? Verborgen hinter einer dicken Schicht von linkischem, ja schrulligem Benehmen? In Wahrheit überwog die Romantik bei weitem die Realität: Bruckner war – wie bereits erwähnt – fast immer „ein bißchen verliebt", konnte durch eine flüchtige Begegnung jäh in Flammen stehen, stieg Mädchen stundenlang nach wie ein Student, erbat sich Photographien (die durchwegs sehr junge, sehr hübsche Gesichter zeigten) – und das alles bis ins hohe Alter. Aber dachte er, als sein Hauswesen geregelt war – in den letzten Linzer Jahren von seiner Schwester Maria Anna, in Wien von der treuen, durch ihren Dienstherrn berühmt gewordenen „Frau Kathi" (Katharina Kachelmayer) –, dachte er da noch ernsthaft an Heirat? War da nicht das Weibliche längst schon zu einem Typus geworden, einem unveränderten, immer jungen, immer inspirierenden Ideal, daher austauschbar, mit wechselnden Namen? Mir erscheint jene kleine Begebenheit symptomatisch, von der berichtet wird, Bruckner habe mit einem Schüler – und seine Schüler eigneten sich so gut als Verbündete in Liebesangelegenheiten! – einem Mädchen nachgestellt, sei ihm bis ins Elternhaus nachgegangen, habe dessen Eltern (man bedenke: ohne nähere Vorbereitung, ja ohne vorherige persönliche Bekanntschaft!) seine Aufwartung gemacht und sogleich um die Hand ihrer Tochter angehalten, was natürlich eine Ablehnung dieses völlig verrückten Antrages zur Folge hatte. Wieder auf der Straße angekommen, gefragt von dem durch das Benehmen seines Lehrers in unsägliche Verlegenheit versetzten Schüler, was er denn getan hätte, wenn das Mädchen zugestimmt, wenn es „Ja" gesagt hätte, lautete die Antwort Bruckners, erschrocken, jäh und unsanft zur Erde gestürzt: Daran habe er noch gar nicht gedacht …

Vor wenigen Jahren sorgte die Frage, ob Bruckner nach einem mehr als flüchtigen Liebesverhältnis mit einer kurzfristig in Wien weilenden Schweizerin (Caroline Barghesi oder Bargezzi) im Jahre 1855 Vater einer Tochter (Bertha Barghesi, verehelichte Weißgärber) geworden sein könne, für teilweise empörte Reaktionen. Abgesehen davon, daß außer einer mündlichen Überlieferung in der Familie des Philharmonikers Maximilian Weißgärber und einer starken physiognomischen Ähnlichkeit Berthas mit Bruckner keinerlei Dokumente die Behauptung verifizierbar machen, nähme auch die Tatsache, Vater einer unehelichen Tochter zu sein, Bruckner nichts von seiner Größe als Komponist – und auch nichts von seiner menschlichen Anständigkeit. Dieses Erlebnis mit der älteren, lebenserfahrenen Frau müßte (so können wir aufgrund der psychischen Verfaßtheit Bruckners in Konfrontation mit den geltenden gesellschaftlichen Normen sowie mit der selbstgewählten und gelebten religiösen Überzeugung sagen) vermutlich eine lebenslängliche brennende seelische Wunde hinterlassen haben. Ist diese Wunde, verklausuliert freilich, hinter dem Geständnis an „Frau Kathi" verborgen, er habe nur ein einziges Mal, in seiner Jugend, ein Mädchen geküßt, dies aber als Sünde bitter bereut?

Die große Krise

Kehren wir zurück zum Linzer Domorganisten Bruckner und zu den für ihn so entscheidenden Jahren 1867 und 1868. Sie werden nicht nur beruflich zu einer Zeit der Krise: Auch der Mensch Bruckner wird von einer derartig starken Erschütterung erfaßt, daß er geistig und seelisch ganz aus den Fugen gerät. Eine sich durch Schübe von Depressionen und Zwangshandlungen ankündigende schwere Neurose sucht ihn heim. Bruckner bricht völlig zusammen. Er ist vollkommen zerrüttet, steht unter dem Zwang, alles zählen zu müssen: die Punkte auf einem Kleid, die Perlen an einer Kette, die Blätter auf einem Baum, die Sterne am Himmel, die Fenster einer Hausfassade.

Bad Kreuzen: Kaltwasser-Heilanstalt, 1860.

Seine Umgebung wird wohl nicht minder entsetzt gewesen sein über seinen Zustand als er selbst, und so gewährt man ihm Urlaub und schickt ihn zur Kaltwasserkur nach Bad Kreuzen, begleitet von einem Seelsorger, den ihm Bischof Rudigier fürsorglich zur Seite stellt. Nach Wochen erst ist Bruckner imstande, seinem Freund Weinwurm das Geschehene zu schildern:

„Lieber Freund! Seit meiner Abreise von Wien weißt Du Nichts von mir ... Magst Du Dir denken o. gedacht haben – oder gehört haben was immer! – Es war nicht Faulheit! – Es war noch viel mehr!!! –; es war gänzliche Verkommenheit und Verlassenheit – gänzliche Entnervung u. Überreiztheit!!! Ich befand mich in dem schrecklichsten Zustande; Dir nur Dir gestehe ichs – schweige doch hierüber. Noch eine kleine Spanne Zeit, und ich bin ein Opfer – bin verloren. Dr. Födinger in Linz kündigte mir den Irrsinn als mögliche Folge schon an.
Gott seis gedankt; er hat mich noch errettet. Ich bin seit 8. Mai im Bade Kreuzen bei Grein. Seit einigen Wochen gehts mir etwas besser. Darf noch gar nichts spielen, studiren o. arbeiten. Denke Dir welch' ein Schicksal! Ich bin ein armer Kerl! ...“ [69]

(Aus einem Brief Bruckners an Rudolf Weinwurm, 19. Juni 1867.)

„Zwangskrank – was bedeutet das? ... Dem Patienten drängen sich in exzessiver Weise Gedanken auf, die ihm lästig sind, gegen die er sich aber nicht wehren kann ... es kommt zu einer unerträglichen inneren Spannung, die einem Angstzustand vergleichbar ist. Mit der Zwangshandlung baut er die Spannung für kurze Zeit ab ... Aus der Depressionsforschung kam die Erkenntnis ... daß ein Mangel des Botenstoffs Serotonin maßgeblich an der Entstehung von Depressionen beteiligt ist. Daß dieses Defizit auch Zwangsrituale begünstigt, wird daraus abgeleitet, daß depressive Zwangspatienten nach der Behandlung mit Medikamenten, die diesen Mangel ausgleichen, auch eine Besserung der Zwangssymptome beobachteten ...“ [70]

(Aus einem medizinischen Fachartikel, 1995.)

Am 8. August 1867 wird Bruckner – nach einigen Rückfällen – schließlich als „geheilt und gesund“, so die Anstaltschronik, aus Bad Kreuzen entlassen. Er hat sein psychisches Gleichgewicht wiedergefunden, doch bleibt es fortan äußerst sensibel, ja instabil: Sein ganzes weiteres Leben wird er in Zeiten

Bad Kreuzen: Wolfsschlucht.

starker Anstrengung fallweise an Kontroll- und Zählzwängen zu leiden haben. Doch jetzt atmet er auf, ist er doch dem gähnenden Schlund geistiger Umnachtung entkommen. Obwohl ihm das Komponieren noch immer verboten ist, beginnt er im September mit dem *Kyrie* seiner dritten großen *Messe*, jener *in f-Moll* (WAB 28). Er schreibt sie aufgrund eines ehrenvollen Auftrages für die Wiener Hofkapelle, noch mehr jedoch schreibt er sie als Dank für die wiedererlangte Gesundheit. Ganz „gefunden" habe er sich, so berichtet er im Alter, am Weihnachtsabend des Jahres 1867, als ihm in einer Gebetsstunde das *Benedictus* eingefallen sei. Die in ihrer Innigkeit bewegende Streichereinleitung zu diesem Satz zählt zu Bruckners schönsten Eingebungen, wenn nicht zu den schönsten Stellen der Musikliteratur überhaupt. Noch einmal, im Sommer 1868, sucht Bruckner die Kuranstalt in Bad Kreuzen auf – nicht so sehr zur Heilung einer akuten Erkrankung, sondern um Kraft zu schöpfen für das Kommende. Wenige Tage nach seiner Rückkehr,

am 10. September 1868, kann die Linzer Zeitung melden: „Der hiesige Domorganist Herr Bruckner wurde zum k. k. Hoforganisten ernannt."
In knappen zweieinhalb Wochen löst Bruckner seinen Haushalt auf und übersiedelt mit seiner Schwester Maria Anna, die ihm auch in Wien bis zu ihrem frühen Tod die Wirtschaft führen wird, in die Residenzstadt – freilich nicht, ohne Bischof Rudigier flehentlich zu bitten, „ihm seinen bisherigen Posten als Domorganist für einige Jahre gnädigst reservieren zu wollen". Wir kennen diese Angst vor großen Veränderungen schon, denn ein fast gleichlautendes Gesuch hat Bruckner bei seinem Weggang aus St. Florian an Propst Mayr gestellt. Erst nach der beruhigenden Zusage entschließt er sich endgültig und packt. Im Handgepäck hat er drei große Messen, deren erste ihm schon viel Ruhm eingebracht hat, eine fertige *Symphonie (Nr. 1, c-Moll,* WAB 101) sowie vielleicht Teile einer weiteren, die er später aus der Werkreihe streichen („annullieren") wird, die sogenannte *Nullte* (WAB 100).

Wien: Panoramablick auf die Innenstadt, 1871.

Wien (1868–1896)

„Durchlauchtigster maestro!
Ich bin sehr erfreut zu hören, daß Sie sich in Wien gefallen, und daß die Verhältniße sich so günstig zu gestalten beginnen, wie ich es Ihnen stets vorausgesagt. Daß nun sogar Triumphe in ‚fremden Weltteilen' für Sie in Aussicht zu sein scheinen, übertrifft selbst meine Erwartungen. Ich hoffe, Sie werden mir über diese Nancy-Angelegenheit seinerzeit nähere Mitteilungen machen ... ich beneide Sie sehr um die vielen schönen Dinge, die Sie in Wien hören, wärend man hier auf schmalste Kost gesetzt ist ...“[71]

(Aus einem Brief Moritz von Mayfelds
an Bruckner, 14. November 1868.)

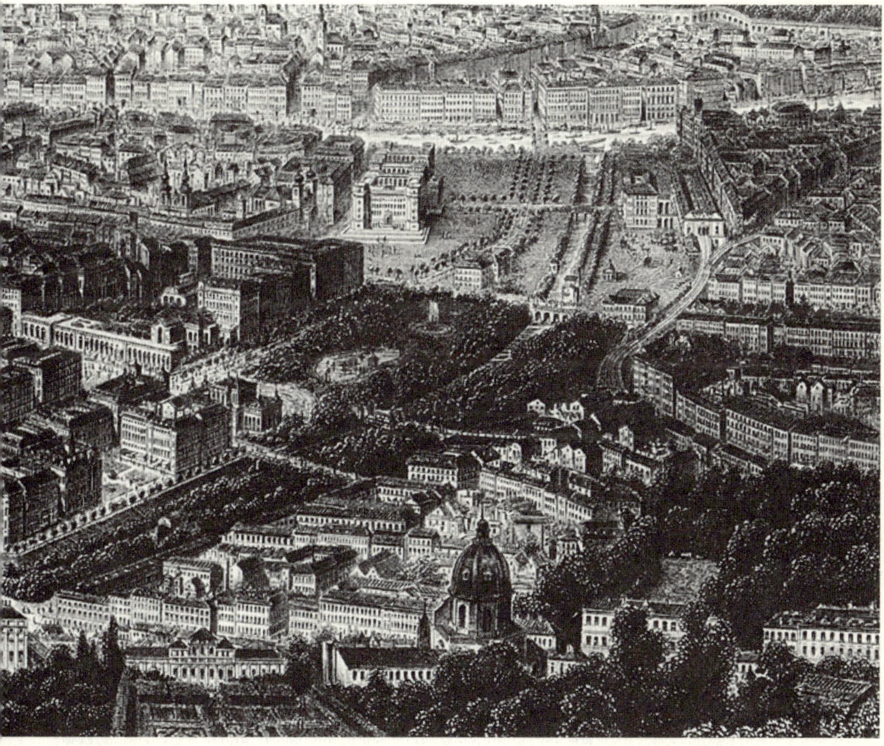

„... Hochdesselben so gnädige Herablassung und Liebenswürdigkeit erkühnen mich, Eure Hochwohlgeboren recht inständig zu bitten ... daß im Diplome der Ausdruck ‚als Symphoniker' nicht vergessen werde, weil darin stets mein Lebensberuf bestand ...“[72]

(Bruckner am 19. Oktober 1891 an den Dekan der Universität Wien, Univ.-Prof. Dr. Leo Reinisch, das Ehrendoktorat betreffend.)

Zwischen diesen beiden Briefen – der eine zu Beginn von Bruckners Aufenthalt in Wien geschrieben, der andere wenige Jahre vor seinem Tod – liegt eine lange, künstlerisch erfüllte Zeit. Bruckner war an der äußerlich letzten Station seines Wirkens angekommen: in einer Großstadt, in einer kaiserlichen Residenzstadt, die gerade ihr Antlitz entscheidend veränderte. Am 1. Mai 1865 war die Wiener Ringstraße eröffnet worden, jene Prunkallee, die das Stadtzentrum nach der 1858–1864 vorgenommenen Schleifung der Basteien zu den Vorstädten hin öffnete, jenes „Collier einer Weltstadt“, das bald von den Palais des Geldadels gesäumt sein sollte, der Corso zur Selbstdarstellung einer Epoche. Der Öffnung zu den Vorstädten wohnte aber auch eine symbolische Bedeutung inne: Im selben Jahr 1868 hatte der in Wien abgehaltene 9. Arbeitertag das erste sozialdemokratische Programm verabschiedet, 1869 demonstrierten 20 000 Arbeiter auf dem Paradeplatz für die Bildung von Gewerkschaften, denn die wöchentliche Arbeitszeit betrug noch immer 71 Stunden, und Arbeiter waren nach wie vor nicht wahlberechtigt.
Doch Wien war in diesen Jahren nicht nur eine Stadt, die rasant ihr Antlitz veränderte und in der stärkste politische Auseinandersetzungen stattfanden. Es war auch eine Stadt, in der die Kunst eines der vorrangigsten Gesprächsthemen bildete: in der Presse, auf den Gängen der Universität, in den Salons. „Der Sicardsburg und van der Nüll / Die haben beide keinen Styl! / Griechisch, Gotisch, Renaissance / Das ist denen alles ans“, hatte man boshaft über die Architekten der neuen, am 25. Mai 1869 eröffneten Hofoper gedichtet. Die Eröffnung ihres Werkes erlebten beide Architekten nicht: Eduard van der Nüll hatte sich erhängt, sein Freund August Sicard von Sicardsburg starb drei Monate später buchstäblich an gebrochenem Herzen. Man flüsterte sich in der Wiener Gesellschaft zu, daß Kaiser Franz Joseph I. aufgrund dieses tragischen Ereignisses nie wieder öffentliche Kritik an einem seiner Meinung nach mißlungenen Werk eines Künstlers üben wollte und sich fortan in

Wien: Opernring, 1868.

die Allerweltsphrase „Es war sehr schön, es hat mich sehr gefreut" flüchtete. Künstler zu sein in Wien, das bedeutete, ausgesetzter zu sein, als man es in einer anderen Stadt wäre, das bedeutete den Zwang, unter härteren Bedingungen gesellschaftliche Integration und höfische Protektion anstreben zu müssen.

Vorerst „gefiel" sich Bruckner aber in Wien, und die „Verhältniße gestalteten sich günstig", wie er seinem ehemaligen Linzer Gönner Mayfeld berichtet zu haben scheint: Sogar „Triumphe in ‚fremden Weltteilen'" zeichneten sich ab – für den Organisten, den Interpreten und den Improvisator; freilich nicht für den Komponisten; das sollte noch lange dauern. Ein Nahziel war dennoch erreicht.

„... Bedenke aber nur, Freund, Alles um mich her ist angestellt, und weiß sicher, wovon er lebt. Aber, du lieber Gott, wo stellt man so ein parvum talentum cum ego an den kaiserlichen Hof!" [73]

(Brief Ludwig van Beethovens an Leopold Hofmeister, 22. September 1803.)

Diese sarkastische Bemerkung Beethovens hatte sich Bruckner in seinem persönlichen Exemplar einer 1859 erschienenen Biographie angemerkt. Er

selbst konnte in diese Klage des großen Vorbildes nun nicht mehr einstimmen – was bei seinem Naturell aber keineswegs hieß, daß er nichts mehr zu klagen gehabt hätte. Was ihn nämlich ereilt hatte, war paradoxerweise – wenngleich auf höherer Ebene – wieder jene anstrengende Kombination aus Schul- und Kirchendienst, wie sie seit Generationen von den Dorfschullehrern ausgeübt wurde.
Bruckner war an das Konservatorium der Gesellschaft der Musikfreunde (es befand sich damals noch im alten Haus in den Tuchlauben) für die Fächer Harmonielehre, Kontrapunkt und Orgelspiel verpflichtet worden; eine Klasse für Komposition übertrug man ihm nicht. Die Orgelklasse war jedoch eigens für ihn geschaffen worden, wohl auf Betreiben Herbecks, und anfangs handelte es sich um kaum mehr als um ein Provisorium: Es stand nämlich gar keine Orgel für den Unterricht zur Verfügung, und so behalf man sich mit einem Klavier, später mit jenem Pedalharmonium, das nach Aufstellung der Orgel im neuen Gebäude des Musikvereins von Bruckner zum eigenen Gebrauch angekauft wurde.

„Hier weilen wir zwischen kahlen Mauern
Umfangen von des Kontrapunkts eintönigem Gebimmel.
Wie lange noch wird diese Marter dauern?
Wann strahlt uns wieder Sternenhimmel?
Kein traulich Glockenzeichen will den Lauscher grüßen.
Morastig, stockend kreucht die Zeit dahin.
Will denn kein holder Engel uns das Sein versüßen?
Soll uns Erlösung nicht erblüh'n?“[74]

(Gedicht von Bruckners Schüler Viktor Christ, notiert während einer Unterrichtsstunde im Kontrapunkt-Heft.)

Während seiner 22 Jahre (von 1868 bis 1890) dauernden Lehrtätigkeit am Konservatorium behielt Bruckner stets denselben Lehrgang bei, unterrichtete nach Dürrnbergers „Elementar-Lehrbuch“, das er selbst in seiner Präparanden-Zeit in Linz benützt hatte, dazu nach der Sechterschen Methode: rein handwerksmäßig, regeltreu, peinlich genau, um nicht zu sagen: hochnotpeinlich. Sogar im „Komponier-Verbot“ ahmte er seinen verehrten ehemaligen Lehrer nach:

„,Erst die Regel, dann das freie Schaffen' war ihm, wie bei seinem eigenen Studium, so auch beim Unterricht der oberste Leitsatz. Er duldete es nicht, daß seine Schüler während des Studiums komponierten, jedenfalls aber durften sie es nur ohne Wissen ihres Meisters wagen. Sehr bezeichnend für diesen Grundsatz Bruckners ist eine Szene mit Felix Mottl. Als dieser einmal ins Konservatorium eine sehr freie Harmonie-Aufgabe brachte, wies ihn Bruckner zurecht mit den Worten: ‚Hier in der Schule muß alles nach der Regel sein, da darfst net oan verbotene Not'n schreiben – wannst aber draußen bist und bringst mir so a regelrechte Arbeit, schmeiß i' di' aussi!'"[75]

Viele Schüler erinnerten sich – so wie der vorhin zitierte Viktor Christ – an die öde Marter von Bruckners Unterricht, an seine hartnäckige Genauigkeit, an sein langsames Vorgehen. Dennoch liebten und verehrten sie, die zumeist noch halbe Kinder waren, ihn wegen seiner persönlichen Originalität, am meisten jedoch wegen der immer wieder in den Unterrichtsstunden gewährten Einblicke in das eigene Schaffen. Bruckner zog die Jugend an „wie der Rattenfänger von Hameln". Dies war wohl nicht so sehr wegen seiner dem eleganten Großbürgertum diametral entgegenstehenden äußeren Erscheinung und Lebensart, sondern seiner Musik wegen, die ihm das aufregende

O. Böhler: „A. Bruckner und J. Brahms". Silhouette, um 1895.

Odium eines musikalischen „Anarchisten“ verlieh, denn in Wien standen einander zwei „Parteien“, die „Brahminen“ und die „Wagnerianer“, feindlich gegenüber, die sich nach ihren „Göttern“ Johannes Brahms (1833–1897) und Richard Wagner (1813–1883) benannten. Von den gesetzteren Semestern mißtrauisch beobachtet, schürten die „Wagnerianer“, eine „Clique tobsüchtiger Jünglinge in Samtröckerln mit Lavallière-Kravatten und langen Haaren“ (Bernhard Paumgartner), und die „Brahminen“, die meist „still und feierlich waren und nie lächelten, am allerwenigsten bei den ‚Scherzi‘ des Meisters“ (anonymes Feuilleton im Fremden-Blatt), eine Atmosphäre eloquenter Parteilichkeit, in der die objektive Beurteilung ästhetischer Gegensätze zwischen den beiden großen Symphonikern Brahms und Bruckner immer mehr ins Hintertreffen geriet. Zu einem persönlichen Eklat zwischen den beiden Betroffenen kam es nie, wenngleich die wenigen direkten Begegnungen eher kühl ausfielen. Allerdings verkehrte Brahms in den Salons, die Bruckner verschlossen blieben – und viele seiner sarkastischen, beißenden Aussprüche über den Organisten aus Oberösterreich wurden entzückt weitererzählt, seine Meinung wurde von den beiden Kritikerpäpsten Eduard Hanslick und Max Kalbeck geteilt.

An der Spitze der für die modernste Musik begeisterten Jugend stand der Wiener Akademische Wagner-Verein, mit dem Bruckner durch seine Tätigkeit als Lektor für Harmonielehre und Kontrapunkt an der Wiener Universität in besonders engen Kontakt kam. Dieses Lektorat hatte Bruckner sich mit unglaublicher Hartnäckigkeit erkämpft und endlich – am 18. November 1875 – erhalten. Die Stunden an der Universität bedeuteten für Bruckner etwas ganz Besonderes: die Beheimatung in der höchsten geistigen Institution, eine Bestätigung, die im Ehrendoktorat des Jahres 1891 gipfeln sollte. Die Schüler, die an der Universität seinen Vortrag hörten, waren im Gegensatz zu jenen am Konservatorium keine Musiker, sondern Hörer anderer Fächer. Bruckners Vorlesungen besuchten manche, weil der Vortragende so originell war oder aber, weil sich unvorhergesehene Einblicke in die Gedankenwelt eines der größten Künstler der Zeit ergaben. So wurden die „Gaudeamus“, wie Bruckner seine akademischen Hörer liebevoll nannte, sein bevorzugter Umgang auch in der karg bemessenen Freizeit, in den Gasthausrunden bei „Gause“ in der Johannesgasse, im „Roten Igel“ am Wildpretmarkt, im Restaurant „Zur goldenen Kugel“ (Am Hof), im Café „Griensteidl“ am Michaelerplatz und im „Riedhof“ in der Wickenburggasse. Nach

Wien: Schottenring (links das Wohnhaus A. Bruckners in der Heßgasse, rechts das Ringtheater).

einem anstrengenden Arbeitstag (Bruckners Pflichten am Konservatorium, an der Universität, an der Hofkapelle und im Privatunterricht betrugen insgesamt 40 Wochenstunden) kehrte er in seine Wohnung zurück – in die Währinger Straße, in den Heinrichshof, in die Heßgasse –, wo ihm die ebenso resolute wie treue Katharina Kachelmayer nach dem frühen Tod seiner Schwester Nanni († 1870) den Haushalt führte.
Nach zwei Tellern dampfender Suppe ging er ans Komponieren – in einer Wohnung, die ins Extrem gesteigerte Unwohnlichkeit darstellte, mit den meterhoch aufgestapelten Partituren an den Wänden ringsum, mit dem großen Bösendorfer-Flügel, auf dem Berge von Kleidern lagen, mit der blau gefärbelten Wand und dem mit dunkelbraunem Emaillelack gestrichenen Fußboden, mit dem Vorzimmer, in dem 34 Paar Stiefel aufgereiht waren und gleichzeitig die Ehrenschleifen von den Huldigungskränzen an der Wand hingen. Seinen einzigen Luxus stellte ein englisches Messingbett dar, das jeder Besucher ausprobieren mußte, weil es so schön „schupfte“.
Es lag schon fast wieder eine Art Romantik in der halb spartanischen, halb schrulligen Lebensweise Bruckners. Aber seine Interessen hatten sich zunehmend auf die einzig wichtige Sache konzentriert, die es in seinem Leben gab: auf das Schaffen. Von außen gesehen bot er dem Beobachter nun nichts mehr als ein „Junggesellenleben ohne Bedeutung“ (Franz Grasberger): halb

belächelt, halb bemitleidet wie bei jener so peinlichen „Affaire St. Anna", im Verlaufe derer er aus der „weiblichen Abteilung" der Lehrerbildungsanstalt in der Annagasse nach wenigen Jahren des Unterrichtes entlassen wurde, da er „seinen Schülerinnen den Hof mache, einzelne von ihnen vor den anderen begünstige etc.", wie die Linzer Tages-Post am 12. Oktober 1871 zu berichten wußte. Diese Affaire traf Bruckner völlig unvorbereitet nach der Heimkehr von einer seiner „Orgelreisen" in den ersten Wiener Jahren, die ihn nach Nancy, Paris und London geführt hatten und seinen Ruf als Organist zu festigen schienen. Sie drängte Bruckner der Wiener Gesellschaft gegenüber in eine Position, die teils polemisch, teils operettenhaft hochgespielt wurde. Bruckner schien sich in seiner Angst wieder nach München gewandt zu haben – so wie schon vor der Übersiedlung nach Wien. Durch eine Intervention Herbecks entschied der Unterrichtsminister Carl Ritter von Stremayr zugunsten Bruckners und verlängerte dessen Anstellung. Aber Bruckners Zeit an der Lehrerbildungsanstalt St. Anna war eine befristete: Durch eine Lehrplanänderung schied er 1874 aus dem Lehrkörper aus, ein neuer Kursus wurde eingerichtet – und niemand anderer als Rudolf Weinwurm zu dessen Leiter bestellt. Bruckner reagierte mit Verdächtigungen und bezichtigte Weinwurm des Verrates.

„Ich habe nur das Conservatorium, wovon man unmöglich leben kann. Mußte schon im Sept. und später wieder Geld aufnehmen, wenn es mir nicht beliebte, zu verhungern (700), kein Mensch hilft mir ..."[76]

(Aus einem Brief Bruckners an Moritz von Mayfeld, 12. Jänner 1875.)

„Kein Mensch hilft mir": Haben wir dies nicht fast gleichlautend – „Ich habe hier keinen Menschen" – schon gehört? Es sollte noch schlimmer kommen, denn Bruckners Gönner Herbeck verstarb plötzlich im Jahre 1877. Nur drei Tage nach diesem Schlag reichte Bruckner – wie schon vorher – ein Gesuch um die Verleihung der Vizehofkapellmeisterstelle ein, da er mit dem Nachrücken Josef Hellmesbergers sen. zum Hofkapellmeister rechnete. Am 11. November 1877 wurde zwar Hellmesberger ernannt, doch Bruckner blieb weiterhin Hoforganist bis zu seiner Dienstenthebung aus Krankheitsgründen im Sommer 1892. Im Grunde genommen bedeutete dies eine enorme Demütigung, da alle seine Organistenkollegen (Rudolf Bibl, Pius Richter und Hans Rotter) zu verschiedenen Zeiten zu Kapellmeistern verschiedenen

Ranges ernannt wurden – nur er, Bruckner, nicht. Daran konnte auch sein Aufrücken vom „expectierenden“ (seinen Dienst unbezahlt versehenden) zum „wirklichen“ (entlohnten) Hoforganisten am 19. Jänner 1878 nichts mehr ändern. Daß die Stimmung des „offiziellen“ musikalischen Wien zu seinen Ungunsten umgeschlagen war, hatte Bruckner wohl wiederum zu einem großen Teil sich selbst zuzuschreiben: Seine insistenten Bestrebungen um Existenzsicherung zu einem Zeitpunkt, zu dem solche gar nicht mehr vonnöten waren, werden Hellmesberger (der nun am Konservatorium und an der Hofkapelle Bruckners Vorgesetzter war) ebenso verstimmt haben wie der Umstand, daß ein als Hoforganist Angestellter so gut wie gar keine Kirchenmusik mehr komponierte, sondern sich hartnäckig als Symphoniker versuchte. Die deutliche Reserviertheit Hellmesbergers spricht aus jenem Schreiben, in dem er Bruckners Definitivstellung als Hoforganist begründet, ihm aber glcichzeitig die Posten als Zweiter Singlehrer der Sängerknaben und Archivar zu entziehen vorschlägt, da ihm dies seinerzeit „wohl meist in Berücksichtigung seiner dürftigen Lebensverhältnisse allergnädigst zugewendet war. Nachdem Bruckner nun in den Gehaltsgenuß eines wirklichen Mitgliedes einrückt, erscheint die weitere Zuwendung dieses Unterstützungsbeitrages umsoweniger als notwendig, als ja Bruckner auch sonst nicht als sosehr mittellos und hilfsbedürftig anzusehen ist.“

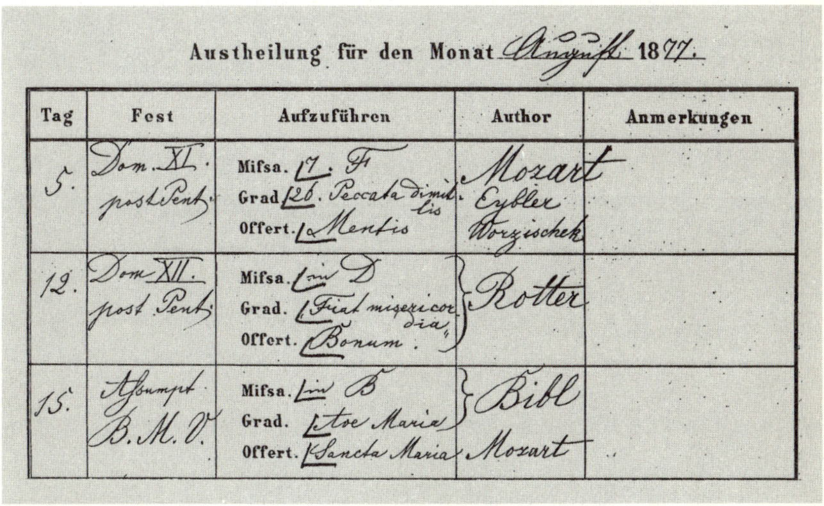
Austheilung für den Monat August 1877.

Tag	Fest	Aufzuführen	Author	Anmerkungen
5.	Dom. XI. post Pent.	Missa. 17. F Grad. 26. Peccata dimittis Offert. Mentis	Mozart Eybler Worzischek	
12.	Dom. XII. post Pent.	Missa. in D Grad. Fiat misericordia Offert. Bonum.	Rotter	
15.	Assumpt. B.M.V.	Missa. in B Grad. Ave Maria Offert. Sancta Maria	Bibl Mozart	

A. Bruckner als Archivar der Hofmusikkapelle. Originalhandschrift in den „Austheilungen“.

Weitere Sprossen auf der Karriereleiter kann Bruckner nicht mehr erklimmen. Wohl erfährt er Ehrungen: Er erhält am 8. Juli 1886 das Ritterkreuz des Franz-Joseph-Ordens (in der niedrigsten Klasse, die pro Jahr etwa hundertmal vergeben wurde); er wird – was ihm „lieber ist als alles vom Kaiser" – zum Ehrendoktor der Universität Wien ernannt (7. November 1891); er erhält, als er zu leidend ist, um noch die Stufen zu seiner hoch gelegenen Wohnung in der Heßgasse zu erklimmen, eine Wohnung vom Kaiser zugewiesen im ebenerdigen Kustodenstöckl des Belvederes, wo ihm endlich das Bewußtsein des Verwöhnt-Werdens und schließlich, nach vielen körperlichen Beschwerden, ein sanfter Tod am Nachmittag des 11. Oktober 1896 vergönnt ist. Für sein Werk hatte er schon Jahre vorher Sorge getragen:

„Ich vermache die Originalmanuscripte meiner nachbezeichneten Compositionen: Der Symphonien, bisher acht an der Zahl – die neunte wird, so Gott will, bald vollendet werden, – der 3 großen Messen, des Quintetts, des Tedeums, des 150. Psalms und des Chorwerkes Helgoland – der kais. und kön. Hofbibliothek in Wien und ersuche die k. u. k. Direction der genannten Stelle, für die Aufbewahrung dieser Manuscripte gütigst Sorge tragen zu wollen."[77]

(Aus Bruckners Testament, 10. November 1893.)

Dieses von Bruckner gewünschte In-Schutz-Nehmen der Partituren durch die Hofbibliothek bedeutete Sicherheit und getreue Überlieferung für die Zukunft, denn ihr galt sein Werk, nicht so sehr der Gegenwart.

„Wie geht es der achten? Haben Sie schon Proben gehabt? Wie klingt sie? Bitte sehr, das Finale so wie es angezeigt ist, fest zu kürzen; denn es wäre viel zu lange u. gilt nur späteren Zeiten und zwar für einen Kreis von Freunden und Kennern ..."[78]

(Bruckner an den Dirigenten Felix von Weingartner,
27. Jänner 1891.)

Was hier Bruckner über seine *Achte* (WAB 108) sagt, daß sie nur für spätere Zeiten gelte, das galt im Grunde genommen für alle seine Symphonien, für sein „Lebenswerk als Symphoniker". Und dieses Lebenswerk bildete einen einzigen Organismus aus neun verschiedenen Individualitäten, tatsächlich

A. Bruckner mit dem Ritterkreuz des Franz-Joseph-Ordens.

ein Werk. Das erkannte schon der für seine Sarkasmen berühmte Komponist Hans Pfitzner (1869–1949), der ätzte, Bruckner habe nur eine einzige Symphonie komponiert, die aber dafür neunmal. Tatsächlich stellten die Symphonien einen nicht nur an Umfang wachsenden, sondern auch seine Binnenstruktur verändernden Organismus dar, der dauernd in Bewegung blieb, denn Bruckners symphonisches Schaffen verlief in einem geheimnisvollen Wechsel von Vorwärtsdrängen und Retrospektive, von neuem Schaffen und Umarbeitung des schon Geschriebenen. Zweifellos stellen die meist in mehrfachen Fassungen überlieferten Symphonien den Dirigenten ebenso wie den Musikforscher vor nicht unerhebliche Probleme. Waren die von Bruckner selbst vorgenommenen oder von meist wohlmeinenden Schülern und Interpreten angeregten und in der Folge von Bruckner autorisierten Änderungen nun Anpassungen an den Zeitgeschmack und an die Aufführungsmöglichkeiten? Waren sie Ausdruck der Unsicherheit Bruckners? Oder lag der Grund hiefür nicht vielmehr tiefer: Waren diese Änderungen nicht Versuche der Annäherung an ein dahinter-, darüberliegendes Ideal, das alle Konkretisierung nur unvollständig erfassen konnte, die von ihrem Urheber aber immer vollkommener, in immer neuen Anläufen versucht wurde?

Bruckners Lebenswerk stand unter der schier übermenschlichen Spannung, einen ekstatischen Ausdruckswillen mit den Erkenntnissen einer „musikalischen Wissenschaft" (so hatte er auch das Ansuchen um ein Ehrendoktorat verstanden) zu bändigen. Dieser ekstatische Ausdruckswillen zielte aber, wie es der Dirigent Peter Gülke formuliert, auf eine hinter allen Konkretisierungen liegende, überindividuelle „Hauptmusik", für die jedes Werk nur „Glied und Station war in einem weiterlaufenden Hauptanliegen". Die „Stationen eines Lebens" sind hier gewissermaßen nach innen verlagert worden, sind Stufen der Annäherung geworden, um deren wachsenden Grad der Vollkommenheit der Komponist rang – unter größter Anstrengung und mit dem Bewußtsein der Verantwortung vor einer letzten geistigen Instanz.

Dritter Exkurs und Epilog: Bruckner und der „liebe Gott"

Schon der Titel dieses dritten Exkurses läßt uns fast zögern: Wurde und wird nicht vielen Menschen durch das Klischee des „Musikanten Gottes" (so hieß ein überaus triviales Theaterstück von Ernst Decsey aus dem Jahre 1924) der Zugang zu Bruckners großartiger Musik versperrt? „Anton Bruckner und der liebe Gott": Auch das war ein „Musikalisches Märchen" eines Autors namens Wilhelm Mathiessen, 1926 bei Bosse in Regensburg erschienen. Aber hatte nicht Bruckner selbst seine *9. Symphonie* (WAB 109), die zu vollenden ihm nicht mehr vergönnt war, „dem lieben Gott" gewidmet?
Klare Nüchternheit ist heute daher ebenso angesagt wie große Behutsamkeit, wollen wir uns einem so sensiblen Bereich annähern, wie es die tragenden

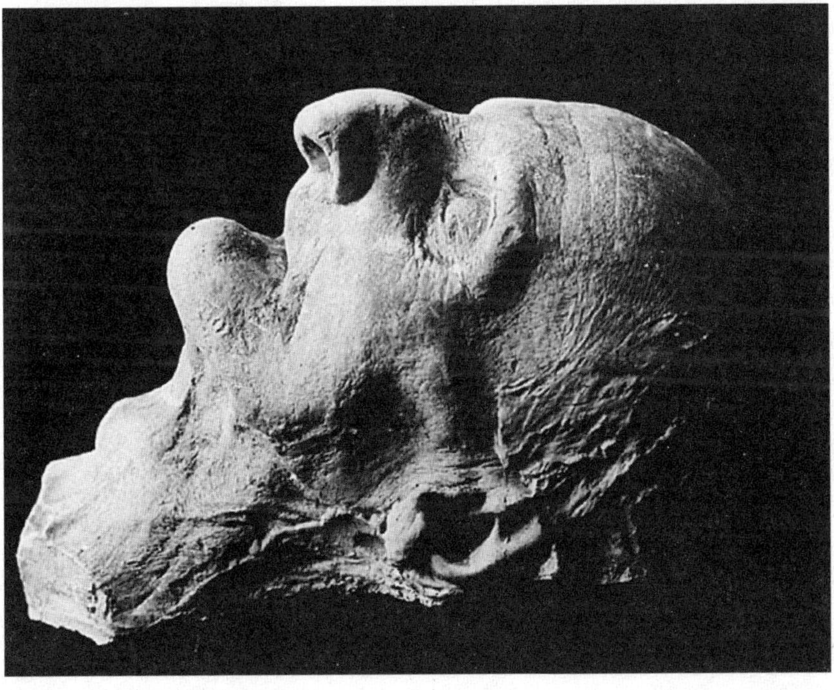

A. Bruckner: Totenmaske.

Wesensfundamente einer Künstlerpersönlichkeit darstellen. Im Falle Bruckners heißt dies nun ganz unmißverständlich: seiner religiösen Überzeugung. Daraus resultierte das hohe künstlerische Arbeitsethos Bruckners, bestimmt vom Wissen um das Talent als einer empfangenen Gabe einerseits und den vor einer höchsten Instanz zu verantwortenden Umgang damit andererseits:

„Die wollen, daß ich anders schreibe. Ich könnt's ja auch, aber ich darf nicht. Unter Tausenden hat mich Gott begnadigt und dies Talent mir, gerade mir gegeben. Ihm muß ich einmal Rechenschaft ablegen. Wie stünde ich dann vor unserem Herrgott da, wenn ich den anderen folgte und nicht ihm!"[79]

(Bruckner zu Josef Kluger, dem späteren Propst des Stiftes Klosterneuburg.)

In vielen Varianten begegnet uns in der Literatur immer wieder die Gestalt jenes mittelalterlichen Steinmetzes, der beim Bau eines Domes mit Hingabe und äußerster Sorgfalt in schwindelnder Höhe an einem Detail meißelt: einem Zierat, einer Krabbe, einem Engelsantlitz oder einer Dämonenfratze vielleicht. Gefragt, warum er sich denn eine solche Mühe gebe, es sehe ohnehin niemand von unten dieses Detail, antwortet der Steinmetz: „Aber ich sehe es – und Er da oben sieht es auch." Ganz gewiß, so dürfen wir daher sagen, war auch die manchmal bis zum Exzeß gesteigerte Akribie der Perfektion, mit der Bruckner an seinen Partituren arbeitete, ausbesserte, radierte, rasierte, überklebte, überprüfte – ganz gewiß waren die Umarbeitungsphasen, die ihn erschöpften, deprimierten, vom Schaffen und Vollenden neuer Werke abhielten (wäre, so fragen wir uns, die *Neunte* [WAB 109] vielleicht doch vollendet worden, hätte Bruckner nicht die *Achte* [WAB 108] umgearbeitet?) – ganz gewiß waren diese Phasen nicht nur von äußeren Umständen bestimmt, sondern resultierten auch zu einem maßgeblichen Teil aus der Verantwortung vor einer letzten geistigen Instanz. Und im Falle Bruckners hieß das: vor dem dreifaltigen Gott, wie ihn das Christentum bekennt. Vieles auch im religiösen Verhalten Bruckners mag auf seine Zeitgenossen befremdend gewirkt haben, hatte er doch Gewohnheiten, die auf dem Lande durchaus am Platz waren, auch im liberalen, „aufgeklärten" Wien beibehalten, wie z. B. ganz ungeniert den „Engel des Herrn" zu beten, mitten in einer Vorlesungsstunde am Konservatorium und an der Universität. Als geradezu kli-

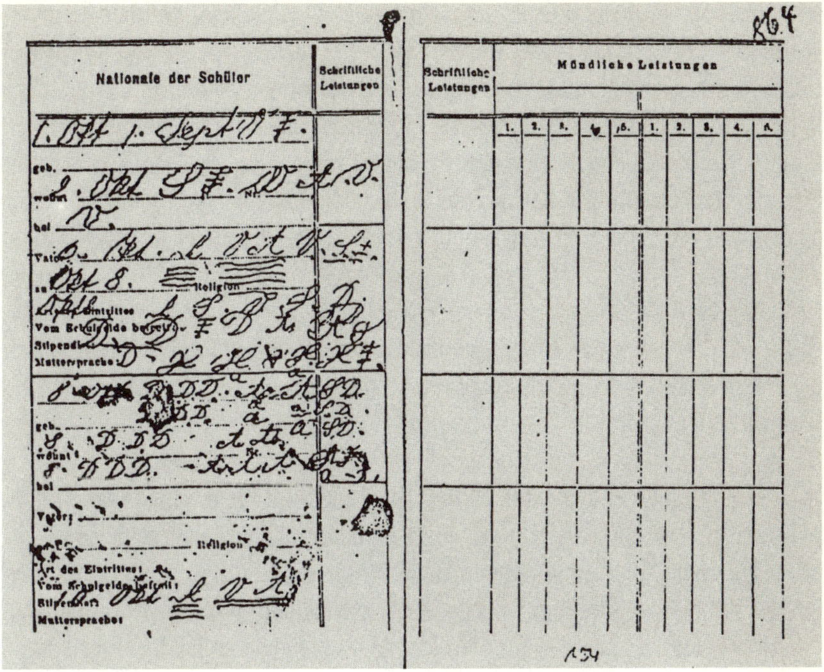

A. Bruckners letzte „Gebetsaufzeichnungen“ vom 10. Oktober 1896.

nisches Beispiel für eine Zwangsneurose gelten für viele Psychiater, Theologen und Musikologen aber seine „Gebetsaufzeichnungen“ in den Taschen-Notizkalendern. Diese, ein in der Musikgeschichtsschreibung einzigartiges Phänomen, dokumentieren mit Regelmäßigkeit und peinlicher Genauigkeit Art und Anzahl der täglich verrichteten Gebete. Ehe wir in den Chor all derer einstimmen, die in diesen Notizen den typischen Exzeß eines Skrupulanten und Zwangsneurotikers sehen, müssen wir uns vergegenwärtigen, daß diese Buchstaben („A“ für „Ave Maria“, „V“ für „Vaterunser“ etc.) für Gebete standen, und das heißt wiederum: Hier wandte sich ein Mensch an ein Du, das er liebte, an das er glaubte, vor dem er hoffte und bangte. Daß er dies auch schriftlich festhalten wollte, spricht vielleicht für seine Ängste, nicht bestehen zu können, spricht aber keineswegs gegen die Ehrlichkeit des Gebetes selbst.

Tatsächlich war die Bindung an das Du Gottes die einzige Beziehung, die in Bruckners Leben standhielt bis zuletzt. Daß sie standhielt, war keineswegs so selbstverständlich, wie es uns die trivialen Klischees glauben machen wollen. Bruckner war – das dürfen wir nicht außer acht lassen! – ein um letzte Aussagen ringender, von Angst und Zweifeln erschütterter Zeitgenosse Friedrich Nietzsches. Daß er solche Gedanken nicht sprachlich artikulieren konnte, bedeutet keineswegs, daß sie ihn nicht bedrängten. Deutlich bezeugt dies ein Ausspruch des berühmten Anatomen Joseph Hyrtl, den Bruckner zwei Jahre vor seinem Tod in einem seiner Taschenkalender notierte:

„Ist die Seele das Produkt des nach unabweislichen Gesetzen arbeitenden Gehirns, oder ist dieses Gehirn vielmehr nur eine jener Bedingungen, durch welche der Verkehr eines immateriellen Seelenwesens mit der Welt im Raume vermittelt wird?“ [80]

Wie sehr Bruckner sich seiner Verpflichtung, mit dem erhaltenen Talent wuchern zu müssen, bewußt war, zeigt auch der im Grunde genommen paradoxe Umstand, daß er gerade in dem Moment die vorgezeichnet erscheinende Bahn des Kirchenmusikers und europaweit bekannten Organisten verläßt, in dem er an eine für ihre kirchenmusikalische Tradition seit Jahrhunderten berühmte Hofkapelle berufen wird. Wären seine Kirchenwerke tatsächlich solche gewesen, bei denen man nicht wüßte, „wo der fromme Musikant aufhört und der auf den Effect ausgehende Speculant anfängt“ (wie es der Brahms-Freund Max Kalbeck formulierte), so hätte er aus Karrieregründen wohl nicht aufgehört, welche zu komponieren. Doch den drei großen Messen folgt keine vierte mehr; es folgen allerdings einige Motetten (Juwele der Chorliteratur!); es folgt das gewaltige *Te Deum* (WAB 45), das aus eigenem Antrieb, nicht als Auftragswerk, entstanden ist und die unmißverständliche Widmung „O. A. M. D. G.“ („Omnia ad maiorem Dei gloriam“ = „Alles zur größeren Ehre Gottes“) trägt; und es folgt der *150. Psalm* (WAB 38) – der Zahl nach zu wenige Werke, als daß man Bruckner noch länger als einen Kirchenmusiker bezeichnen könnte.
War deshalb die Kirchenmusik auch nur eine jener Puppenhüllen, die Bruckner als zu eng geworden bei jedem Erreichen einer neuen Station seines Lebens abwarf? In einem sehr sensiblen Essay hat ein Dirigent unserer Tage, der hier schon zitierte Peter Gülke, formuliert, daß es nicht angehe, in Bruckners Schaffen einen Gegensatz zwischen geistlichen und weltlichen Werken finden zu wollen, denn seine Symphonien seien in demselben Maße „ge-

betet“, in dem sich seine Messen von reiner Liturgie entfernen. Und tatsächlich lassen sich zahlreiche Zitate aus den Kirchenwerken in der Symphonik wiederfinden, wird ein Netz geheimer Beziehungen, persönlicher Andeutungen geknüpft, die nur dem Künstler bekannt waren und Dem, an den er sich damit wandte – und vor dem er sein Talent an allen Stationen seines Lebens zu verantworten bestrebt war.

„Sub specie finis vereinfachen sich manche Deutungen in verdächtiger Weise; dennoch wäre es töricht positivistisch, auf einer Grenzziehung zwischen Werk und Leben bestehen zu wollen … Im ‚Miserere‘-Zitat des Adagios (der Neunten Symphonie) hatte Bruckner sich als vor Gott hintretend bereits komponiert, wie viele vor ihm das Privileg der Abscheidenden in Anspruch nehmend, alle demutsvolle Anonymität der gläubigen Seele fahren zu lassen und sich vor Gott beim Namen zu nennen. Ob in Johann Sebastian Bachs ‚Vor Deinen Thron tret' ich hiermit‘ oder, fast 300 Jahre davor, in dem der

Beginn des Te Deum von A. Bruckner. Originalhandschrift.

‚Ave regina'-Motette eingefügten ‚Miserere tui labentis Dufay' – vor dem solchermaßen wahrgenommenen Recht der letzten Stunde fallen auch die Unterscheidungen von Leben und Biographie dahin, hier komponiert der Lebensaugenblick selber. Bei Bruckner mag die damit verbundene Problematik insofern nicht von grundsätzlicher Art sein, als er mehr denn jeder andere Vergleichbare sich als Dolmetsch und Gefäß empfand, weniger als jeder Zeitgenosse seine Musik als seine eigene. Sein ‚Miserere' steht auch jedem anderen offen …"[81] (Peter Gülke.)

Gedenkstein für A. Bruckner in der Stiftskirche St. Florian.

Wolfgang Winkler

Bruckner im 20. Jahrhundert

Eine Annäherung an ein Phänomen

Die Definition des Musiklandes Österreich ist schwierig und vielseitig auslegbar. Je nach dem formulierten Österreichbegriff läßt sich die Musikgeschichte so zurechtrücken, wie sie der jeweilige Betrachter gerne sehen möchte.
Die Schwierigkeiten haben unterschiedliche Ursachen: Mozart war, in staatsrechtlichem Sinne, kein Österreicher, Brahms war in Hamburg zuständig, Beethoven in Bonn, und sogar Johann Strauß war, streng genommen, nicht immer als Bürger von Wien gemeldet. Liszt ist, im Gegenzug, sicher nicht als Österreicher zu bezeichnen, genausowenig wie Dvořák oder Smetana, die aber alle auf österreichischem Einflußgebiet beheimatet waren.
Der Begriff Österreich in territorialer Hinsicht ist ebenso divers: Das Kaiserreich Österreich hatte andere geographische Dimensionen als die Republik oder etwa das Kaiserreich Maria Theresias im 18. Jahrhundert.
Trotzdem haben die Namen der genannten Komponisten, neben anderen natürlich, mit der österreichischen Musikgeschichte zweifellos sehr viel zu tun. Allen gemeinsam ist Wien als Ort der Handlung. Das wiederum führt zu der durchaus skurrilen Tatsache, daß in den meisten Texten und Büchern Wien eigentlich als Synonym für Österreich verstanden wird. Skurril, weil damit die kulturelle Existenz von Bundesländern nahezu geleugnet wird. Meint man österreichische Musikgeschichte, so wird deutlich von der Wiener Musikgeschichte gesprochen. Das darf nicht verwundern, denn Wien als die Hauptstadt eines Kaiserreiches, das zeitweilig große Teile Europas umfaßte – von den Niederlanden bis Sizilien, von Spanien bis Ungarn –, war als Machtzentrum auch Kulturzentrum. Wohin sonst hätte also Mozart gehen sollen, wenn er eine große Karriere im Sinn hatte, wohin Beethoven und Brahms und wohin schließlich auch der zweifelsfrei in Österreich – noch genauer: in Oberösterreich – geborene Anton Bruckner?
Nach 1918, mehr aber noch nach 1945, versucht dieses Österreich, von dem es nach dem ersten Weltkrieg lakonisch geheißen hat: „L'Autriche, c'est le

reste – Österreich ist der Rest!“, seinen internationalen Ruf mit Hilfe der Ikonen der Musikgeschichte aufrechtzuerhalten. Das ist nicht nur als Akt des Selbstbewußtseins eines Staates, der vom Kaiserreich zu einem Annex auf der Landkarte wurde und dem nicht viele zutrauten, daß er sich in dieser Form auf der Landkarte auch halten würde können, zu verstehen, sondern auch wirtschaftlich. Untersuchungen der Wirtschaftsuniversität Wien haben ergeben, daß das kulturelle Bild Österreichs in der Welt deutlich von Schlagworten wie Walzer, Musikvereinssaal, Neujahrskonzert, Wiener Philharmoniker und Wiener Sängerknaben bestimmt wird.
Vielleicht liegen in diesen historischen und auch psychologischen Umständen des Österreich-Bewußtseins die Wurzeln für die Art, wie man mit der historischen Person Anton Bruckner 100 Jahre nach ihrem Tode umgeht. In Oberösterreich selbst ist Bruckner zum örtlichen Heiligtum, zum Wahrzeichen kultureller Größe geworden und wohl auch zum touristischen Marketinginstrument, wie es etwa Mozart für Salzburg und darüber hinaus für Österreich ist. Eine durch den Musikunterricht in den Schulen unterstützte Heroenverehrung, die der Realität am Ende des 20. Jahrhunderts nicht entspricht. Die Bekanntheit des Werkes von Anton Bruckner, vor allem aber die Verehrung seiner Symphonien, nimmt mit dem Quadrat der Entfernung von St. Florian, wenn man dieses Augustiner-Chorherren-Stift als die Wurzel und die Vollendung der Brucknerschen Biographie bezeichnet, ab.

Einige Hinweise:

Sucht man im modernsten Medium, dem Internet, nach dem Namen Bruckner, so findet man als erstes den Hinweis: Linzer Sehenswürdigkeit. Das ist zweifellos kein Beweis gegen Bruckner, sondern sicher auch ein Zufall, der sich aus dem aktuellen Zustand des Netzes ergibt – und doch ist es symbolisch. Man findet natürlich auch eine ernsthafte Diskussion über das Werk Bruckners, z. B. in Amerika; die Namen der daran Beteiligten allerdings stellen sich bei näherer Analyse als Namen heraus, die in der Brucknerliteratur ohnehin bekannt sind: William Carragan, um nur einen als Beispiel zu nennen. Eine Nachfrage in dieser Diskussionsgruppe nach der Bedeutung Bruckners im amerikanischen Konzertleben hat beispielhaft folgende Aussagen bewirkt:

„... Music As The Music of Beethoven, Brahms Mozart Schubert und. Are On the radio. On the other hand, there is still some interest. In the March 1995 issue of American Red´cord Guidem there was an article by William Carragan on the various versions of the Bruckner symphonies ...“ (<dkg@hnc.com>)

Dieses Zitat hat natürlich keinen besonderen Wert als wissenschaftliche Quelle, dennoch ist es signifikant für viele Aussagen ähnlichen Inhalts. In wissenschaftlichen Kreisen ist Bruckner ein Begriff, aber die obige Aussage, die stellvertretend für andere feststellt, daß sein Werk in der breiteren Öffentlichkeit keine Bedeutung hat, wird durch das Faktum erhärtet, daß beim Kongreß „Austria – Music in a Changing Society“ vom 2. – 7. 1. 1996 in Ottawa Bruckner kein Thema der Diskussion war. Und das war immerhin der größte wissenschaftliche Kongreß am Beginn des Milleniumjahres, der sich mit österreichischer Musik befaßte.

Für Europa unterstreichen einige Aufführungsziffern örtliche Unterschiede:

1989 gab es in Österreich insgesamt 58 Aufführungen, in Oberösterreich 21, in Wien 14, in Linz 13, in Salzburg 8 sowie in Deutschland 21 und in Belgien 3.
1992: Österreich 70, Oberösterreich 32, Wien 19, Linz 17, Salzburg 2 – Deutschland 7, Belgien 1.
1994: Österreich 76, Oberösterreich 29, Wien 30, Linz 14, Salzburg 3 – Deutschland 26, Belgien 2.
(Quelle: Musikwissenschaftlicher Verlag, Wien)

An dieser Stelle möge es genügen, daß die Aufführungszahlen allein schon andeuten, daß Bruckner in Österreich in Oberösterreich und Wien präsent ist, diese Präsenz aber bereits in den anderen Bundesländern und in Deutschland deutlich abnimmt. In Oberösterreich ist er präsent, weil er hier der „regionale Nationalheilige“ ist, und in Wien wohl, weil er zum einen teils Wiener geworden war und er zum anderen zur geistigen Haltung der verhinderten Kaiserstadt als der Kulturhauptstadt Europas, wenn nicht der Welt, beitrug.

Ein weiterer Hinweis:

In Oberösterreich gibt es weit über 30 Institutionen, Denkmäler u. dgl. m., die den Namen Bruckners tragen. Die Auswahl reicht vom Brucknerorchester bis zur Brucknerspeise, von der Brucknerorgel bis zur Brucknerstraße. In Wien hält sich die Verwendung des Namens schon in deutlicheren Grenzen – ein Überblick ergibt etwa 10 Items, in den anderen Städten Österreichs ist meistens gerade noch eine Straße nach ihm benannt.

Eine andere Frage:

Bruckner als Stichwortgeber der Neuen Musik? Inwieweit ist die Frage nach der musikalischen Erbfolge, hier im Sinne der Nachfolge und Auswirkung gemeint, berechtigt?
Es kann nicht zielführend sein, die musikalischen Strömungen dieses Jahrhunderts nach einigen Takten Brucknerscher Musik – oder anders: nach Brucknerscher Satzweise, Melodiebildung und Spurenelementen der Persönlichkeit Bruckners – mit den Mitteln der herkömmlichen historischen Musikwissenschaft zu untersuchen.
Interpretiert man den Begriff der Rezeption eines Komponisten, in unserem Falle eben Bruckners, mit dem kulturellen Gedächtnis, wie es unter anderem Vilem Flusser („Die Philosophien der neuen Technologie", Berlin 1989) oder Karl Popper in ihren Schriften definiert haben, so ist daraus auch eine neue Denkweise abzuleiten. Die Naturwissenschaften, allen voran die Gehirnforschung, sind längst dabei, Sätze zu formulieren wie: Wahrnehmung ist nicht mehr nur physiologisch, neurologisch und neuroanatomisch zu definieren, sondern verstärkt auch nach kulturell-evolutionären Gesichtspunkten.
Geist entwickelt sich durch kulturelle Entwicklungen und nicht nur durch die Biologie des Gehirns.
Die Analogie dazu muß sein: Musik entwickelt sich durch das Bewußtsein ihrer Geschichte und nicht durch das Aufsuchen eventuell vorhandener Reste irgendeiner Musik in der Gegenwart. Das gilt auch für Bruckner. Die Erscheinungsformen Brucknerscher Musik in unserem Jahrhundert sind in dieser Definition allerdings für unsere Zeit hinterfragbar. Bruckners Musik ist nach Aussagen von Lehrern nur wenig geeignet, Schüler zu begeistern. Die

Neue Musik hat ihn wenig direkt verarbeitet, sieht man vom zitierten Bewußtsein ab, und die Rezeption Bruckners wird heute von außermusikalischen Parametern gelenkt: Marketing, Produktionsstrategien von CD-Firmen u. ä. m.
Bruckner und seine Musik waren Teile einer Gesellschaft, der es ein Anliegen war, über Kultur zu diskutieren. Eine Gesellschaft, die sich auf ihre Weise ihrer Kulturmacher bewußt war. Mit einem sehr wesentlichen Zusatz: Zur Zeit Bruckners war Musik nicht allgemein verfügbar. Sie war auf das Konzert, die Oper, das Ereignis oder die Bearbeitung für Klavier zu 4 Händen beschränkt und damit dementsprechend selten. Jedenfalls war sie kein rauschgiftartig verwendeter und verfügbarer Massenartikel, wie es seit 1924, dem Jahr der offiziellen Einführung des Rundfunks in Österreich, der Fall ist. Das Radio und später das Fernsehen und die Schallplatte haben die Musik aus der seltenen, elitären Verfügbarkeit der Vorrundfunkzeit in eine Situation der ständigen Abrufbarkeit übergeführt. Der Gesellschaft des 19. Jahrhunderts war es außerdem möglich, ausschließlich von ihrer Musik, also von jener, die mit dem heute unheilvollen Namen E-Musik bezeichnet wird, zu sprechen und andere musikalische Ausdrucksformen der Zeit unter die Zensur fallen zu lassen, und zwar so perfekt, daß das teilweise heute noch in der Musikwissenschaft in Form von Nichtbehandlung ablesbar ist. Im Zeitalter der Medien ist eine so schlichte Polarisierung der Begriffe nicht mehr möglich. Am Ende des 20. Jahrhunderts ist die Welt umgekehrt.
Die zweite Hälfte unseres Jahrhunderts hat eine Welt der gleichberechtigten Teilöffentlichkeiten der Musik entstehen lassen und die Ideologie der Vermarktung.

Der touristische Bruckner

Öffentlich, in einer Tageszeitung, wurde formuliert, daß man den oberösterreichischen Fremdenverkehr nicht mehr nur mit dem Begriff der Sommerfrische beleben könne, sondern man müsse zu Begriffen wie Kaiserin Sissy und Anton Bruckner greifen, um wirksam werden zu können. Was kennt man denn von Oberösterreich?, wurde an anderer Stelle gefragt: die Sommerfrische des Kaisers in Bad Ischl, die Donau und Künstler wie Anton Bruckner.

Die Überlegungen, Kulturgut so zu vermarkten, sind weder anrüchig noch unmoralisch, sie sind aus der Sicht eines für den Fremdenverkehr Zuständigen einfach richtig. Die Versatzstücke unserer geistigen Geschichte müssen als Identifikationsikonen für das wirtschaftliche Wohlergehen herhalten. Mozart tut das Seine für Salzburg und für ganz Österreich in perfekter Weise; Bruckner, auf Grund seines kleineren Œuvres, ist gegenüber ersterem im Nachteil, hat aber marketingmäßig gut umsetzbare Vorteile. Seine Persönlichkeit, soweit sie erforscht ist, bietet interessante Eigenschaften.
Bruckner war ein kleiner Volksschullehrer, sozusagen ein kleiner Mann aus dem Volk. Wer Windhaag nicht kennt, wo Bruckner seine erste Stelle innehatte, weiß nicht, was es bedeutet haben muß, den Ausdruck „kleiner Volksschullehrer" damals zu leben. Bruckner war katholisch, was an sich nichts Ungewöhnliches für einen Österreicher ist, aber doch ist seine Nähe zum Stift St. Florian eine andere Art der Katholizität. Sie deutet auf Grund der Schutzfunktion des Stiftes für Bruckner auf einen exklusiveren Status hin, als es die schlichte Dorfkirche vermocht hätte. Bruckner war ein Trinker: Er liebte Bier, er liebte Kaffee, er ist also vor allem in ersterem Falle hervorragend als Werbeträger verwendbar. Selbst seine Leibspeisen, wie Grießknödel und Geselchtes, lassen sich in Festivalzeiten von den Gourmettempeln bestens in „Brucknerschnitzel in ... an ... im Dialog mit" umdeuten und, solchermaßen kulturell aufgeladen, gut verkaufen.
Bruckner war ehrgeizig und machte eine Karriere, vom Volksschullehrer in Windhaag nach Wien zum Universitätsprofessor, die ihresgleichen sucht.
Und Bruckner war schamlos opportunistisch, er widmete alle seine Werke dem denkbar besten Erfolg. Eine Haltung, die in der Wirtschaft notwendig ist, in der Kunst aber anrüchig erscheint, weil im Verständnis des Begriffes Künstlertum, wie ihn das 19. Jahrhundert interpretiert hat und wie er noch wirksam ist, Kunst immer immateriell zu sein hat.
Bruckner ist auch als verschämter Frauenheld Stoff für Diskussionen. Die Frage, ob er nicht vielleicht doch Vater geworden ist, kann die Brucknerdiözese der Verehrer schon mindestens so erregen wie wahrscheinlich Bruckner selbst in Zusammenhang mit der Weiblichkeit.
Bruckner war aber auch in gewisser Weise ein „Spinner", der manchen rätselhaften Tick, sehr zum Erstaunen seiner Umwelt, auslebte.
In Summe ist das, in Zeiten marketing-strategischer Überlegungen, eine durchaus ausreichende Zahl an vermarktbaren Eigenschaften.

Einerseits – andererseits scheint es bedenklich, auf einem Weg der Vermarktung, der nur der Tradition verpflichtet ist (Sissy und Bruckner), zu bleiben und dieses Bild dann durch Werbung bei allen Betrachtern zu verfestigen. Der Kunstbegriff beginnt sich zu ändern, nur die Geschichte allein kann nicht das Selbstbewußtsein eines Landes, einer Stadt, einer Gesellschaft ausmachen, die Gegenwart kommt dazu. Das Verhältnis der Gesellschaft zu den Ikonen der Vergangenheit beginnt sich auch dadurch zu ändern, daß eine Generation herangewachsen ist, die anderen Kunsteinflüssen ausgesetzt ist. Das traditionelle Unterscheiden von E- und U-Musik ist nicht mehr gültig. Pop, Rock, Jazz und Musik, die von außerhalb Europas kommt, sind mehr und mehr im Bewußtsein. Diese Gegenwart hat natürlich den Nachteil, daß sie keine Ikonenfunktion erfüllen kann und auch zuwenig schmückend wirkt. Daher also doch besser Bruckner.

Der digitale Bruckner

Die Überlegungen der Klangwolkenmacher von 1979, Walter Haupt und Hannes Leopoldseder, in der Folge ich selbst als ständiger Betreuer des Projektes, später Hans Hoffer, Franz Welser-Möst u. a. m., kreisten immer um Bruckner. Zum einen galt es das Symbol Bruckner für die Akzeptanz des neuen Projektes verfügbar zu machen, zum anderen ist die Musik Bruckners auf Grund ihrer formalen Anlage und ihrer Klangblöcke in besonderem Maße dazu geeignet, im freien Raum gespielt zu werden. Was 1979 von Eugen Jochum als Sakrileg gegenüber dem Werk Bruckners mit der Drohung beantwortet wurde, er werde nie mehr in Linz dirigieren, wurde im Verlauf der Jahre zu dem Symbol für Stadt und Land schlechthin. Und die einstigen Gegner des Projektes lassen sich mittlerweile beim alljährlichen Klangwolkencocktail gerne sehen, um anschließend in den Saal zu gehen und das Konzert dort wie eh und je zu hören, wenig beunruhigt, daß draußen im Donaupark unter Umständen Bruckner geschändet werden könnte. Die Frage, ob es ihm nicht sogar recht gewesen wäre, schwebt ohnehin unbeantwortet im Raum.
Der öffentliche, mit Hilfe der verfügbaren Technologie erreichbare, Raum ist im 20. Jahrhundert überdies zu einem Faktor der Musik grundsätzlich geworden. Der Konzertsaal der Geschichte hatte eine kultische Funktion auch

auf der Rezeptionsebene von Musik ausgeübt. Er hatte zweifellos die Bedeutung einer Kirche, in der die Messe gelesen wird. Das Ungewohnte an der Klangwolke war dementsprechend anfangs auch die Entweihung des Konzertraumes mit der denkbaren Konsequenz, daß die Musik überhaupt aus ihm entschwinden und sich im offenen Raum ansiedeln würde. Eine Angst, die so absurd ist wie die Angst der Orchestermusiker vor dem Computer und der Möglichkeit, daß er die Musiker ersetzen würde. Die verschiedenen Open airs von Opernstars liegen auf derselben Ebene. Musik hat sich in einem neuen Raum entwickelt. Bei Bruckner mag der der Tradition verpflichtete Konzertsaalbesucher in besonderem Maße entsetzt gewesen sein (Jochum!), weil auch eine gewisse Eifersucht der E-Musik-Hörer, die sich gesellschaftlich und kulturell als Elite verstehen, aufgetreten ist. Der offene Raum zwingt zum Teilen der Musik mit anderen, die keine Ausbildung in bürgerlichen Bildungsidealen haben und womöglich an der falschen Stelle lachen und sich damit hoffnungslos als nicht der Elite angehörig ausweisen. Bruckner für alle?

Bei einer der Klangwolken wurde untersucht, ob dieses Ereignis die Akzeptanz Brucknerscher Musik erhöhe. Umfragen unter Besuchern ergaben meist die Antwort, daß man nicht wisse, wer genau Bruckner gewesen sei, daß man aber die Musik im Raum einfach schön finde. Dazu kommt, daß das Erlebnis im Freien, ohne den Zwang des Abendanzuges, auf einem gewohnten Terrain, im Gegensatz zum Konzertsaal, als angenehm empfunden wird. Es ist die reine Form des emotionellen Hörens, unbelastet durch irgendwelche Bildungschiffren.

Eine andere Digitalisierung:

Die Erfindung der Schallplatte und des Radios hat auf die Musik eine tiefgreifende Wirkung ausgeübt, und es ist am Ende unseres Jahrhunderts nicht möglich, über musikalische Phänomene zu diskutieren, ohne den Aspekt der vermehrten Öffentlichkeit und Verfügbarkeit von Musik zu bedenken. Musik wird für den Markt instrumentalisiert – auch Bruckner.

Plattenfirmen machen heute Aufnahmen mit Brucknerscher Musik ausschließlich nach den Regeln der Verkaufbarkeit und nicht in Hinblick auf eine kulturelle Notwendigkeit. Selbstverständlich muß z. B. der zu Weltruhm aufsteigende oberösterreichische Dirigent Franz Welser-Möst gleichsam als Visitenkarte Bruckner dirigieren, und Bruckner mag Welser-Möst durchaus ein Anliegen sein. Die Pläne irgendeiner Plattenfirma wird das wenig beeinflussen. Bei Produktionsplänen werden von den internationalen Firmen die Vertretungen in den Erdteilen abgefragt, wie sie die Umsatzerwartungen sehen. Erst nach der Prüfung all dieser Schätzungen wird grünes Licht für ein Projekt gegeben. Hier schließt sich der Kreis wieder zu den eingangs gemachten Angaben über die Akzeptanz der Musik Bruckners. Denn es gilt, daß auch die Absetzbarkeit von CDs mit Bruckner-Symphonien generell mit dem Quadrat der Entfernung abnimmt. Eine Ausnahme ist Japan, wo die Musik Bruckners im Moment boomt und die Produktionen des Brucknerorchesters gut angenommen werden.

Der kommerzielle Bruckner

Bruckner beim Internationalen Brucknerfest ist die Legitimation des Festivals. Mit seinem Werk allein ist allerdings nicht einmal in Oberösterreich ein Festival auf Jahre hinaus zu gestalten. Bei anderen Konzerten gerät Bruckner oft genug zum Beweis der Fähigkeit eines Orchesters, daß es die technisch anspruchsvolle Literatur der zweiten Hälfte des 19. Jahrhunderts zu spielen imstande ist und somit eine Existenzberechtigung als Klangkörper hat.

Oder anders: Musik ist im gesellschaftlichen Zusammenspiel zu einer sozialen Eintrittskarte geworden. Der Besitz eines Abonnements ist wichtiger als die Musik, die man bei dieser Gelegenheit hört – mit der lokalen Auswirkung, daß es in Oberösterreich sicherlich zum Spiel gehört, über Bruckner sozusagen Bescheid zu wissen, zumindest mehr als anderswo.

Bruckner hat einen hohen Warenwert, der mit seinem wahren Wert in keiner Weise korrelieren kann. Man mag es bedauern oder beklagen, aber jedwede Kunst der Geschichte wird instrumentalisiert und auf diese Art der Allgemeinheit zur Verfügung gestellt. Es ist fragwürdig, dabei sofort nur von Kulturverlust zu reden. Peter Sellers, der kontroversiell denkende Regisseur, hat in einem Gespräch mit Gerard Mortier, dem Intendanten der Salzburger Festspiele, formuliert, daß das Wesentliche an den Werken der Vergangenheit heute die Möglichkeit der immer wieder neuen Sicht und Bearbeitung ist. Es

ist Pflicht, so Sellers, aus Altem Neues zu machen. Der ständigen Frage nach der Gültigkeit einer Interpretation einer Brucknerschen Symphonie in Konzertkritiken steht die viel wichtigere Frage der bewußten geistigen Stellungnahme gegenüber: Neugierde gegenüber scheinbar Bekanntem.
In diesem Sinne ist es zu verstehen, daß sich Musiker aus der Popwelt, wie z. B. Glenn Branca, denen a priori nicht unterstellt werden kann, daß sie Bruckner zu ihrer Denkwelt zählen, mit ihm befassen – nicht um ihn der Partitur gemäß zu interpretieren, sondern vielmehr um die dynamischen Bögen weiterzuentwickeln, die Bruckner in seinen Symphonien skizziert. Interessant ist für die Popmusik des späten 20. Jahrhunderts nicht die Melodie, sondern die Harmonie und vor allem der Klangraum. Man kann bei Bruckner von einem 60-Dezibel-Klangraum sprechen, dessen Bewältigung eine Musikerelite zu Bruckner bringt, die sich sonst kaum für ihn interessieren würde. An der Wende zum 21. Jahrhundert ist an die Stelle von Harmonie und Tonalität der Klang als das musikalische Ausdrucksmittel getreten. Oder um es mit einem Schlagwort des 20. Jahrhunderts auszudrücken: der Sound. Es ist das vielleicht eine der wichtigsten Wirkungen des Werkes von Anton Bruckner, außerhalb seiner eng umgrenzten Schar von Apologeten, die kaum über den Charakter einer Teilöffentlichkeit hinauskommen.
Die oberösterreichische Musikergruppe „Bruckner's Unlimited", die sich den Namen Bruckner gegeben hat, nicht um zu zitieren, sondern als Hinweis auf ein Denkmodell, mag für diese Wirkung Bruckners im 20. Jahrhundert und auch weiterhin als ein Beispiel stehen.

Gedenkstätten

Österreich

Ansfelden
Bruckners Geburtshaus: Das alte Schulhaus von Ansfelden ist seit 17. Oktober 1971 Gedenkstätte (Konzept: Leopold Nowak) und wurde im Jahre 1988 im Auftrag der oberösterreichischen Landesregierung erneuert (Konzept: Lothar Schultes und G. F. Schilcher). Katalog: Das Geburtshaus Anton Bruckners – Ansfelden (Text: Lothar Schultes, mit Beiträgen von Leopold Nowak und Elisabeth Maier; Kataloge des Oberösterreichischen Landesmuseums, Neue Folge Nr. 18).
Die Gedenktafel (am 12. 5. 1895 enthüllt) wurde von der Liedertafel „Frohsinn" gewidmet; das Relief von Renate Stolz (1940) ist seit 1988 an der Seitenfront unter der alten Gedenktafel angebracht. Im Ortskern von Ansfelden findet sich ein Gedenkstein mit einem Brucknerkopf von Franz Plany (1924); auf dem Friedhof, gleich bei der Stiege vom Schulhaus hinauf zur Kirche (rechts), kann man das Grab von Bruckners Vater sehen.

Bad Goisern
Eine Gedenktafel am Haus Nr. 34 (vom Heimatverein Kurkommission 1971 errichtet) erzählt von Bruckners Besuchen in den Sommermonaten 1863–1880 bei seinem Freund, dem Organisten Franz Xaver Perfahl.

Bad Ischl
Als Hoforganist kam Bruckner bei festlichen Anlässen des Kaiserhauses im Sommer nach Bad Ischl. Eine Gedenktafel an der Stadtpfarrkirche (Relief: Franz Forster, 1960) erinnert an Bruckners Aufenthalte in der Zeit von 1863–1890. Auch im Weinhaus Attwenger gibt es im „Brucknerzimmer" (Gastzimmer) ein von Franz Forster geschaffenes Brucknerrelief.

Bad Kreuzen
Bruckners Aufenthalte in Bad Kreuzen dauerten von Mai bis August 1867 und von August bis September 1868. Er unterzog sich der Kur in der Kaltwasser-Heilanstalt (vom Arzt Dr. Maximilian Keyhl gegründet und 1846 eröffnet). In der „Kemmat", jetzt „Wolfsschlucht", waren die Duschen und Bäder eingerichtet. Die damaligen Gebäude der Heilanstalt, die „alten Badhäuseln", sind jetzt Privathäuser, und die damalige Kuranstalt selbst, auf dem Höhenrücken zur Burg Kreuzen, ist ein Asylantenheim. Heute betreiben die Marienschwestern vom Karmel ein großes Kurheim oberhalb der Kirche, und Wanderwege führen vom Ortskern nach verschiedenen Richtungen: Einer davon ist der Anton-Bruckner-Wanderweg (eröffnet am 30. Juni 1974), der an der Brucknerquelle (Gedenktafel, errichtet vor 1900) vorbeiführt. Dort soll Bruckner die Inspiration zur *f-Moll-Messe* (WAB 28) empfangen haben.

Ebelsberg
Im Sommer 1837 übersiedelte Bruckners Mutter mit 4 Kindern nach Ebelsberg zu Verwandten. Hier starb sie am 11. November 1860. Ihr Grab ist heute noch im rechten hinteren Teil des Friedhofs an der Mauer zu finden.

Enns
Eine Gedenktafel am Haus Leopold von Zenettis, Kirchenplatz Nr. 5 (gewidmet vom Rotary-Club), erinnert an die Lehrzeit Bruckners im Generalbaß. Im Museum Lauriacum befinden sich Zenettis Kompositionen, aber auch Abschriften (Robert Führer, Wolfgang Amadeus Mozart, Ludwig van Beethoven) von seiner Hand. Zenetti liegt auf dem Lorcher Friedhof, links vom Eingang, begraben.

Grein
Bruckner widmete der Liedertafel Grein (Probenlokal: heute Hotel „Goldenes Kreuz", Marktplatz) zwei *Sängersprüche* (WAB 147).

Hörsching
Das ehemalige Schulhaus, Brucknerplatz 1, trägt eine Gedenktafel (1931 enthüllt). Bruckner erhielt in den letzten zwei glücklichen Kindheitsjahren (vor seines Vaters Tod) ersten Unterricht in Generalbaß und Orgelspiel bei seinem Vetter und Firmpaten Johann Baptist Weiß. In Hörsching sind wahrscheinlich erste Kompositionsversuche anzusetzen: *5 Präludien für Orgel* (WAB 127 und 128).

Klosterneuburg
Das Stift Klosterneuburg ist von Wien aus leicht erreichbar – ein großartiger Baukomplex, der Bruckner an St. Florian erinnern konnte, zumal

auch dort die gleiche Ordensgemeinschaft (Augustiner Chorherren) lebt.

In der Stiftskirche befindet sich seit 1926 an einem Pfeiler (links, nahe der großen Orgel) eine Gedenktafel für Anton Bruckner (Relief: Anton Rudolf Weinberger). Am Haus Rathausplatz Nr. 11 ist eine Gedenktafel (Relief: August Bodenstein) angebracht: „In diesem Hause verbrachte Anton Bruckner frohe Stunden. Klosterneuburger Urania 1925."

Kremsmünster

Ab 1883 kam Bruckner fast jedes Jahr ins Stift als Gast, um in der Stiftskirche die Orgel zu spielen und um seinen Freund und Schüler Pater Oddo Loidol, dem er das *Christus factus est* (III, WAB 11) und das *Locus iste* (WAB 23) widmete, zu besuchen.

Bruckners Kantate *Auf, Brüder, auf zur frohen Feier* (WAB 61) wurde dort zu einer Primizfeier mit anderem Text („Heil Dir zum schönen Erstlingsfeste") aufgeführt. In der Stiftsbibliothek befinden sich einige wertvolle Brucknerhandschriften, u. a. der erste Entwurf zum *Te Deum* (WAB 45).

Kronstorf

Von 1843–1845 war Bruckner im alten Schulhaus von Kronstorf als Schulgehilfe tätig und fühlte sich hier nach der Windhaager Zeit „wie im Himmel". Die Gedenktafel wurde am 14. 6. 1913 enthüllt und von Brucknerfreunden in Kronstorf gewidmet. Seit 9. 9. 1989 ist im alten Schulhaus (Brucknerplatz 9) ein kleines Museum eingerichtet. Der winzig kleine Wohnraum Bruckners mit zwei Fenstern und zwei Türen ist mit Photographien des Schulgehilfen Bruckner geschmückt. Die Orgel der Pfarrkirche stammt vom Orgelbauer Mauracher (1879) und wurde von Bruckner selbst bei einem Besuch in Kronstorf gespielt.

Kürnberger Wald

Gemeindegebiet Bergham, Forsthausstraße 72: Gedenktafel (1984): „Anton Bruckner, 1824–1896, feierte am 10. Juli 1863 in diesem Hause mit Otto Kitzler den Abschluß seiner Studien. Damit begann die Zeit seines freien künstlerischen Schaffens. Gewidmet ... von den Chören Leondings ... 14. Nov. 1976." Auf einer zweiten Tafel steht, daß das alte Ausflugsgasthaus, in dem auch Bruckner zu Gast war, 1984 wegen Baufälligkeit geschleift werden mußte.

Linz

Alter Dom: Gedenktafel (Relief: Franz Plany, enthüllt am 21. 5. 1922) mit dem Text: „Anton Bruckner 1824–1896, Domorganist 1855–1868 und Chormeister der Liedertafel Frohsinn"; Brucknerorgel von Franz Xaver Chrismann.

Stadtpfarrkirche: Gedenktafel (Relief: Adolf Wagner von der Mühl): „Anton Bruckner, Stadtpfarrorganist 1856–1868", enthüllt im Oktober 1936.

Neuer Dom: Im rechten Seitenschiff wird in einem Glasfenster der Tiroler Glasmalerei und Mosaik-Anstalt, Innsbruck, Bruckner mit Beethoven in einem linken Feld (2. Reihe von unten) dargestellt.

Hofgasse 23: Präparandie.

Pfarrgasse: Gedenktafel am Haus Nr. 7: „Hier wohnte Anton Bruckner als provisorischer Dom- und Stadtpfarrkirchenorganist vom 13. Nov. bis 22. Dez. 1855." In der Literatur (Leopold Nowak, Musik und Leben, Linz 1973, Abbildung 28): Photographie der Enthüllung einer Gedenktafel von 1914 in der Pfarrgasse 11 (das Haus wurde inzwischen abgerissen) mit dem Text: „Anton Bruckner wohnte in diesem Hause als Besucher der Präparandie 1840–1841 ..." (Innung der Meistersinger, Linz 1934.) Der Hackl-Saal (Probensaal der Liedertafel „Frohsinn") befand sich in der Pfarrgasse 9.

Landstraße 22: Im Stiftshaus St. Florian wohnte Bruckner kurzfristig in seiner ersten Linzer Zeit.

Pfarrplatz 164 (inzwischen abgerissen): Das Mesnerstöckl, auf zeitgenössischen Bildern deutlich zu sehen, war Bruckners Wohnhaus in der Zeit seiner Tätigkeit als Dom- und Stadtpfarrorganist.

Nordico, Bethlehemstraße 7: war lange Zeit Probenlokal der Liedertafel „Frohsinn".

Altes Rathaus, Hauptplatz 1: Steinschnitt (Brucknerkopf) von Peter Hans Dimmel und Maurus Paulczynsky.

Landestheater: Bruckner besuchte die Wagneraufführungen *Tannhäuser, Lohengrin, Der Fliegende Holländer* und die biblische Szene *Das Liebesmahl der Apostel.*

Donaulände, neben dem Brucknerhaus (Konzerthaus, Untere Donaulände 7): Brucknerdenkmal (Bronzekopf) von Franz Strahammer, 1974.

Luftenberg

Gedenktafel zur Erinnerung an die Kegelabende in der Taverne.

Mariazell
Die Gedenktafel des Hauses Wiener Straße Nr. 16 war ein Geschenk der Mariazeller Liedertafel für deren Obmann Joseph Ritter (Großneffe von Lorenz Ritter) zu seinem 60. Geburtstag. Sie befindet sich im Stiegenhaus (1. Stock): „In diesem Hause weilte einst Anton Bruckner als Gast." Bruckner wurde von seinem Schüler Lorenz Ritter (er war später Kapellmeister in Vesprem) eingeladen und wohnte vis-à-vis im Gasthof „Zu den drei Hasen".

Melk
Anton Bruckner besuchte anläßlich eines Orgelspiels im Stift Melk die befreundete Familie Marböck. In der St. Florianer Zeit erteilte Bruckner den drei Kindern Klavierunterricht. Gedenktafel (Hauptstraße 12): „In diesem Hause weilte Anton Bruckner des öfteren als Gast 1875–1876."

Neufelden
Gedenktafel am Hause der befreundeten Familien Weilnböck und Lang: „In freundschaftlicher Verbundenheit mit den Familien Weilnböck und Lang besuchte Anton Bruckner am 16. Sept. 1890 dieses Haus und gab ein Orgelkonzert in der Kirche." Josephine Lang war Bruckners „Flamme", und er hielt in einem Brief vom 16. 8. 1866 um ihre Hand an. Josephine heiratete den Wirtschaftsbesitzer Weilnböck. Bruckner besuchte sie bis ins hohe Alter, wenn er in der Nähe war, und erfreute sich an Josephines hübscher Tochter Karoline, die er „seinen lieben Ersatz" nannte. Die Tafel (Relief: Franz Forster) wurde 1953 enthüllt und vom Brucknerbund sowie von der Marktgemeinde Neufelden gestiftet.

Oed/Sindelburg
An der Straßenseite des Gasthauses Deinhofer, Oed Nr. 8, befindet sich links vom Eingang eine Gedenktafel: „Geburtshaus des Josef Bruckner geb. 23. 11. 1749, Großvater des Komponisten Anton Bruckner". Die Besitzer zeigen mit Stolz in einem Gastzimmer die alte geschnitzte Holzdecke mit der Datierung „M. R. 1699".
Auf der Straße Richtung Wallsee, bei der Abzweigung Teufelsberg, nach der Brücke rechts, kommt man zu einem gewaltigen Vierkanter (Bruck 45; „An der Bruck", Gemeinde Sindelburg). Beim Eingang rechts steht zu lesen: „Haus der Urahnen Anton Bruckners 1460–1625. Gewidmet von der Gemeinde Sindelburg 1962."
Auf der Straße Richtung Wallsee, geradeaus, vorbei an der Abzweigung Teufelsberg, kommt man zu einem Vierkanter mit Gedenktafel am Haus Nr. 33 (rechts): „Geburtshaus des Urgroßvaters Anton Bruckners (Ahnen 1625–1732) gewidmet von der Gemeinde Sindelburg 1962" (und über der Eingangstüre die Aufschrift: „1732 Johann und Anna Hagler 1951").

Perg
Bruckner hatte seinem Freund und Reisegenossen auf der Fahrt nach Bayreuth, dem Bürgermeister Josef Diernhofer (Lederhändler und Organist in Perg), 1884 ein Orgel-Präludium gewidmet (*Perger Präludium*, WAB 129).

Salzburg
1856 fand an der Domorgel ein Wettspiel statt, an dem auch Robert Führer teilnahm. In den Jahren 1861 und 1868 bewarb sich Bruckner erfolglos um die Direktorsstelle (Domkapellmeister und artistischer Direktor) des Mozarteums. Er wurde am 11. Mai 1868 zu dessen Ehrenmitglied ernannt.

Sankt Florian
Gedenkräume im Stift: Noch zu Lebzeiten seines Bruders Ignaz wurde ein Gedenkzimmer mit Möbeln und Gegenständen aus Bruckners Besitz eingerichtet. Bruckner verbrachte in St. Florian viele Urlaube und wohnte im „Ferienzimmer".
Am 15. Oktober 1896 wurde sein Leichnam von Wien nach St. Florian überführt und in der Gruft, unter der Orgel, bestattet. Beim Betreten der Kirche sieht man auf dem Fußboden einen Stein mit der Aufschrift „Anton Bruckner 1824–1896", der die Stelle bezeichnet, wo sein Sarkophag in der Gruft steht.
Im Ortskern steht noch das alte Schulhaus (heute Postamt, Marktplatz 2). Gedenktafel: „Professor Doctor Anton Bruckner's Wohnzimmer als Schulgehilfe 1845–1855. Gewidmet von der Liedertafel St. Florian im Jahre 1900."

Schlierbach/Kirchdorf/Altpernstein
In Schlierbach spielte Bruckner die Orgel, wenn er bei seinen Urlauben in Kirchdorf an der Krems zum Stift hinüberwanderte. Von einem Aufenthalt in Kirchdorf wird erzählt, daß er die Burg Altpernstein oberhalb von Kirchdorf erklomm und dort die Verließe, die heute noch zu besichtigen sind, „ausprobierte", um die Qualen der im Mittelalter dort Eingeschlossenen

nachzuempfinden. Ein anderes Mal lud er Freunde zu einem Orgelkonzert nach Schlierbach ein, um ihnen das Orgelthema vorzustellen, mit dem er bei seinem Orgelspiel in Nancy einen so großen Erfolg errungen hatte.

Sierning/Neuzeug

Am 7. April 1801 wurde in Neuzeug die Mutter Anton Bruckners, Theresia Helm, geboren.
Den Forsthof in Sierning (ehemals Gasthof Wimmer), Neustraße 29, besuchte Bruckner gerne und widmete der Tochter des Hauses das Lied *Die Rose,* das leider als verschollen gilt.

Steyr

Auf dem Platz vor der Stadtpfarrkirche steht das 1. Brucknerdenkmal von Viktor Tilgner und Fritz Zerritsch (enthüllt am 29. 5. 1898), und neben der Stadtpfarrkirche, die Bruckners geliebte Chrismann-Orgel beherbergte (sie ist jetzt in Reichenthal), trägt der Pfarrhof eine Gedenktafel mit der Aufschrift: „Hier schuf Anton Bruckner in den Ferienmonaten der Jahre 1886–1894 seine letzten großen Werke. A. D. 1908. Seinem Ehrenmitgliede: Der M-G.V. ‚Kränzchen'." Ein malerisches Motiv links vom Pfarrhof ist die Brucknerstiege: Über diese erreichte Bruckner die Wohnung seines Freundes Franz Xaver Bayer.

Tillysburg

Schloß der Grafen O'Hegerty. Bruckner gab während seiner St. Florianer Schullehrerzeit (1845–1855) den Kindern des Grafen Klavierunterricht und nahm an Tanzveranstaltungen teil.

Vöcklabruck

Bruckners Schwester Rosalia heiratete 1855 den ehemaligen Florianer Stiftsgärtner Johann Nepomuk Hueber und übernahm mit ihm die Stadtgärtnerei in Vöcklabruck. Bruckner war hier häufig bei seiner Schwester zu Gast. (Auch Max Auer, sein späterer Biograph, lebte in Vöcklabruck.) Auf dem Stadtplatz 38, am Haus der ehemaligen Eisenhandlung Franzmayr, findet man eine Gedenktafel (gestiftet von der Liedertafel Vöcklabruck im Jahre 1900). Das Heimathaus neben der Stadtpfarrkirche besitzt einen Gedenkraum mit Erinnerungsstücken an Bruckner. Die Blumenhandlung Hueber hat sich inzwischen sehr vergrößert: Das alte Haus am Graben 15 steht zwar noch, daneben sieht man aber die Glasfront des modernen Geschäftes, dahinter dehnen sich die Glashäuser aus.

Waidhofen an der Ybbs

Das Haus Hoher Markt 17 zeigt eine Gedenktafel mit dem Text: „In diesem Hause weilte in den Jahren 1876–1880 Anton Bruckner, der große Musikant Gottes, als Gast bei dem regens chori der Stadtpfarrkirche und Chormeister des Männergesangvereines Friedrich Schiffner, den er seinen besten Freund nannte."

Wels

Am 20. Mai 1869 ernannte die Liedertafel Wels Anton Bruckner zu ihrem Ehrenmitglied. Den Männerchor *Sängerbund* (WAB 82) widmete Anton Bruckner 1882 dem Vorstand der Liedertafel, August Göllerich sen. An der Mauer des Polheimer Schlosses (Musikschule der Stadt) wurden im Mai 1923 (Relief: Franz Fuchs) und im Oktober 1974 (Relief: Helga Födisch) Gedenktafeln enthüllt. Im Stadtmuseum befinden sich Brucknerhandschriften aus der Frühzeit.

Wien

Wohnungen: Währinger Straße 41 (Gedenktafel); Heinrichshof (im 2. Weltkrieg zerstört); Heßgasse 7 / Schottenring 5 (Gedenktafel mit Relief von Robert Ullmann, gestiftet 1924 vom Wiener Schubertbund); Oberes Belvedere, Kustodenstöckl (Gedenktafel, 1921; Stiftung von Max Soeser, Obmann des Wiener Schubertbundes; Relief von Edi Naumann).
Gesellschaft der Musikfreunde, Bösendorferstraße 12 (im Archiv wertvolle Brucknerhandschriften); Archiv des Wiener Männergesangvereines (Tilgner-Büste u. a.); Archiv der Wiener Philharmoniker (Brucknerbriefe etc.).
Universität (Alte Universität, Dr.-Ignaz-Seipel-Platz 2; Neue Universität, Dr.-Karl-Lueger-Ring 1): im Arkadenhof Gedenktafel (Relief: Josef Tautenhayn jun., 1911).
St. Anna (Annagasse; Kirche, Lehrerbildungsanstalt).
Österreichische Nationalbibliothek, Musiksammlung (Brucknerhandschriften).
Stadtpark: Hier stand ursprünglich das 2. Brucknerdenkmal von Viktor Tilgner und Fritz Zerritsch, aufgestellt 1899 (es wurde in den letzten Jahren oft beschädigt, restauriert und ist noch nicht wiederaufgestellt); statt dessen: Neuaufstellung eines Denkmals 1988 (in der Nähe des

Teiches) mit der Tilgner-Büste auf einem von Stefan Kameyetzky gestalteten Sockel.
Orgeln, auf denen Bruckner spielte: Großer Musikvereinssaal, St. Stephan, Piaristenkirche (Gedenktafel, 1961), Augustinerkirche, Hofburgkapelle (Wiener Sängerknaben), Votivkirche, Trinitarierkirche, Dorotheerkirche u. a.

Wilhering
Der Hymnus *In S. Angelum custodem* (WAB 18) ist dem Abt von Wilhering, Prof. Adolf Dorfer, gewidmet.
Bei einem Ausflug mit Freunden nach Wilhering (ca. 1878) besuchte Bruckner eines der Glashäuser (Wilhering besitzt einen großen botanischen Garten mit Pflanzen aus aller Welt). Dort wurde damals ein Affe gehalten, der Bruckner so sehr interessierte, daß er sich von ihm nicht trennen wollte.

Windhaag
Gedenktafel an der Seitenfront des alten Schulhauses (Markt 7 / Am Schulberg 7), enthüllt am 4. 7. 1897, gestiftet vom Männergesangverein Freistadt. An der Straßenseite, rechts neben der Eingangstüre, erinnert eine zweite Gedenktafel an den Schulgehilfen. Im Haus gibt es Erinnerungsstücke an die alte Schule, z. B. zwei Schulbänke, Tintenfässer u. a.

Ausland

Bayreuth
Im Juli 1994 wurde an der Schloßkirche eine Gedenktafel enthüllt (Relief: Rudolf Koller): „Der große Symphoniker und Wiener Hoforganist Anton Bruckner, 1824–1896, spielte hier in der Schlosskirche auf Einladung von Cosima Wagner zum Requiem von Franz Liszt am 4. August 1886 die Orgel. Als Verehrer Richard Wagners besuchte er bis 1892 regelmäßig die Bayreuther Festspiele.“

Leipzig
Heute steht im Neuen Gewandhaus (1981 eröffnet) die erste Brucknerbüste Deutschlands von Fritz Zalisz (vom Arzt Dr. Theodor Armbruster beauftragt und am 22. 10. 1931 im Gewandhaus enthüllt, das am 20. 2. 1944 durch einen Bombenangriff zerstört wurde).

Marienbad
Von Karlsbad aus fuhr Bruckner weiter nach Marienbad zur Kur. Er wohnte im Haus „Zum weißen Rößl“, komponierte an seiner *3. Symphonie* und ließ sich beim Photographen Jerie (am Kreuzberg, nächst dem alten Badehause) photographieren. Das Haus gegenüber dem Hotel „Excelsior“ wurde in den fünfziger Jahren abgerissen. Die Gedenktafel von 1926 trug folgenden Text: „In diesem Hause wohnte der Tondichter Dr. Anton Bruckner im August des Jahres 1873. Dort komponierte Anton Bruckner das Finale der 3. Symphonie.“

Regensburg
Beim 8. Brucknerfest der Internationalen Bruckner-Gesellschaft wurde am 7. 6. 1937 in der Walhalla eine Brucknerbüste von Adolf Rothenburger enthüllt.

Bruckners Reisen ins Ausland

Bayreuth: 1873, 1876, 1882–1884, 1886, 1888–1892 (Festspiele)
Berlin: 1891 (Aufführung des *Te Deum*), 1894 (Aufführung der *7. Symphonie*)
Bratislava (Preßburg): 1890 (Aufführung der *7. Symphonie*; Gebäude des Slowakischen Nationalrates, heute Zupnĕ námestie)
Budapest: 1865 (Uraufführung von Franz Liszts *Legende von der hl. Elisabeth*, Pester Redoute)
Burghausen: 1865 (Orgelspiel, Jakobskirche)
Dresden: 1891 (auf der Rückreise von Berlin)
Karlsbad: 1873 (kurzer Aufenthalt, Weiterfahrt nach Marienbad)
Leipzig: 1884 (Uraufführung der *7. Symphonie*, Stadttheater)
London: 1871 (Orgelkonzerte; Royal Albert Hall, Crystal Palace)
Marienbad: 1873 (Kur)
München: 1863 (Musikfest), 1865 (Aufführung von *Tristan und Isolde*), 1868 (Uraufführung der *Meistersinger von Nürnberg*), 1880 (Rückkehr von der Schweizer Reise), 1885 (Aufführung der *7. Symphonie*)
Nancy: 1869 (Orgelkonzert, St. Epvre)
Nürnberg: 1861 (Sängerreise als Chormeister)
Oberammergau: 1880 (Passionsspiele, vor Schweizer Reise)
Paris: 1869 (Orgelkonzert, Notre Dame)
Prag: 1884 (Orgelreise; Rudolfinum, Veitsdom, Kloster Strahov und Emaus)
Schweiz: 1880 (Bern, Chamonix, Genf, Zürich, Lausanne, Luzern; reine Urlaubsreise: Besichtigungen, Orgelspiel und Blick auf den Montblanc)

Werkverzeichnis (Auswahl)

Geistliche Vokalmusik
Ave Maria II (7stimmig, WAB 6); *Christus factus est* III (WAB 11), *Ecce sacerdos magnus* (WAB 13); *Locus iste* (WAB 23); 3 große Messen: d-Moll (WAB 26), e-Moll (WAB 27), f-Moll (WAB 28); *Missa solemnis* in b-Moll (WAB 29); *Kronstorfer Messe* (WAB 146); *Windhaager Messe* (WAB 25); *Os justi* (WAB 30); *Psalm 150* (WAB 38); *Requiem* (WAB 39); *Te Deum* (WAB 45); *Tota pulchra es* (WAB 46); *Vexilla regis* (WAB 51); *Virga Jesse* (WAB 52).

Weltliche Vokalmusik
Germanenzug (WAB 70); *Helgoland* (WAB 71); Männerchöre, Männerquartette, Lieder.

Orchesterwerke
11 Symphonien WAB 99-109: *Studiensymphonie* in f-Moll; sogenannte *Nullte* in d-Moll; 9 Symphonien in den Tonarten c-Moll (1., 2., 8.), d-Moll (3., 9.), Es-Dur (4., *Romantische*), B-Dur (5.), A-Dur (6.), E-Dur (7.); einige kleinere Orchesterwerke.

Kammermusik, Klavier- und Orgelwerke
Darunter besonders hervorzuheben: *Streichquintett* in F-Dur (WAB 112, dazu *Intermezzo* WAB 113), *Streichquartett* in c-Moll (WAB 111); einige kleine Klavierstücke (davon besonders bekannt: *Erinnerung* WAB 117); einige Orgelwerke (z. B.: *Perger Präludium* WAB 129, *Vorspiel und Fuge* in c-Moll WAB 131).

Vollständige Angaben bietet das „Werkverzeichnis Anton Bruckner (WAB)“, 1977 von Renate Grasberger im Verlag Hans Schneider (Tutzing) veröffentlicht.

Register

Zitierte Quellen

[1] August Göllerich / Max Auer, Anton Bruckner. Ein Lebens- und Schaffensbild. Regensburg 1922–1937, Band 1, S. 77 (im folgenden: Göllerich/Auer).

[2] Göllerich/Auer, Band 1, S. 69 f.

[3] Göllerich/Auer, Band 1, S. 68 f.

[4] Göllerich/Auer, Band 1, S. 115.

[5] Göllerich/Auer, Band 1, S. 78 f.

[6] Göllerich/Auer, Band 1, S. 84.

[7] Leopold Nowak, Der Begriff der „Weite“ in Anton Bruckners Musik, in: Sankt Florian. Erbe und Vermächtnis. Graz 1971, S. 397.

[8] Göllerich/Auer, Band 1, S. 134 f.

[9] Linzer Tages-Post, 22. August 1908.

[10] Göllerich/Auer, Band 1, S. 136.

[11] Göllerich/Auer, Band 1, S. 139.

[12] Amts-Blatt zur kaiserl.-königlich priv. Linzer Zeitung, 9. Oktober 1840, Nr. 81, S. 536.

[13] Instruction für Schulgehülfen, in: Politische Verfassung der deutschen Schulen in den k. und auch k. k. deutschen Erbstaaten. Wien: im Untergewölbe der deutschen Schulanstalt bey St. Anna in der Johannis-Gasse, 1908.

[14] Göllerich/Auer, Band 1, S. 207.

[15] Florian Födermayr, Vom Pflug ins Parlament. Lebenserinnerungen eines oberösterreichischen Bauern. Ried 1954, S. 6.

[16] Göllerich/Auer, Band 1, S. 221.

[17] Göllerich/Auer, Band 2/1, S. 184.

[18] Max Auer (Hrsg.), Anton Bruckner. Gesammelte Briefe. Regensburg 1924, Nr. 111, S. 145 f. (im folgenden: Auer).

[19] Göllerich/Auer, Band 4/2, S. 133.

[20] Göllerich/Auer, Band 1, S. 316.

[21] Göllerich/Auer, Band 1, S. 317.

[22] Göllerich/Auer, Band 1, S. 318 f.

[23] Göllerich/Auer, Band 1, S. 315.

[24] Göllerich/Auer, Band 2/1, S. 32.

[25] Otto Erich Deutsch, Franz Schubert. Briefe und Schriften. Wien 1954, S. 116 f.

[26] Zitiert nach dem Original.

[27] Göllerich/Auer, Band 2/1, S. 66 f.

[28] Göllerich/Auer, Band 4/2, S. 595 ff.

[29] Göllerich/Auer, Band 2/1, S. 43.

[30] Auer, Nr. 2, S. 20 f.

[31] Göllerich/Auer, Band 2/1, S. 134.

[32] Walter Schulten, Über die Bedeutung der St.-Florianer-Jahre Anton Bruckners. Aachen 1960, S. 10.

[33] Göllerich/Auer, Band 2/1, S. 176.

[34] Göllerich/Auer, Band 2/1, S. 135.

[35] Göllerich/Auer, Band 2/1, S. 149.

[36] Göllerich/Auer, Band 2/1, S. 185.

[37] Göllerich/Auer, Band 2/1, S. 187 f.

[38] Linzer Zeitung, 15. November 1855.

[39] Göllerich/Auer, Band 2/1, S. 191.

[40] Zitiert nach dem Original.

[41] Zitiert nach dem Original.

[42] Göllerich/Auer, Band 3/1, S. 23.

[43] Zitiert nach dem Original.

[44] Göllerich/Auer, Band 3/1, S. 114 ff.

[45] Leopold Nowak, Der Name „Jesus Christus“ in den Kompositionen von Anton Bruckner, in: Wissenschaft im Dienste des Glaubens. Festschrift für Abt Dr. Hermann Peichl. Wien 1965, S. 199–209.

[46] Otto Kitzler, Musikalische Erinnerungen. Brünn 1904.

[47] Linzer Zeitung, 2. Mai 1862.

[48] Linzer Zeitung, 20. Dezember 1864.

[49] Linzer Zeitung, 20. Dezember 1864.

[50] Linzer Zeitung, 29. Dezember 1864.

[51] Linzer Zeitung, 14. April 1866.

[52] Linzer Zeitung, 14. Februar 1867.

[53] Linzer Zeitung, 7. April 1868.

[54] Linzer Zeitung, 11. Mai 1868.

[55] Linzer Zeitung, 14. Juli 1868.

[56] Linzer Zeitung, 10. September 1868.

[57] Göllerich/Auer, Band 3/1, S. 247.

[58] Franz Grasberger, Anton Bruckner zwischen Wagnis und Sicherheit. Aspekte einer Bildrevision. Bruckner-Symposion Linz 1977. Bericht. Linz 1978, S. 14.

[59] Göllerich/Auer, Band 3/1, S. 168.

[60] Göllerich/Auer, Band 3/1, S. 170.

[61] Göllerich/Auer, Band 3/1, S. 423.

[62] Göllerich/Auer, Band 3/1, S. 444.

[63] Göllerich/Auer, Band 3/1, S. 452 f.

[64] Göllerich/Auer, Band 3/1, S. 454 f.

[65] Zitiert nach dem Original.

[66] Göllerich/Auer, Band 3/1, S. 356.

[67] Zitiert nach dem Original.

[68] Auer, Nr. 17, S. 38.

[69] Zitiert nach dem Original.

[70] Neue Zürcher Zeitung, 11. Oktober 1995.

[71] Auer, S. 330 f.

[72] Zitiert nach dem Original.

[73] Adolf Bernhard Marx, Ludwig van Beethoven. Leben und Schaffen. Berlin 1859.

[74] Göllerich/Auer, Band 4/1, S. 61 f.

[75] Göllerich/Auer, Band 4/1, S. 42.

[76] Auer, Nr. 98, S. 127 f.

[77] Rolf Keller, Die letztwilligen Verfügungen Anton Bruckners. Bruckner-Jahrbuch 1982/83. Linz 1984, S. 98.

[78] Zitiert nach dem Original.

[79] Josef Kluger, Schlichte Erinnerungen an Anton Bruckner. Jahrbuch des Stiftes Klosterneuburg. Klosterneuburg 1910, S. 120.

[80] Josef Bistron, Das Notizbuch Anton Bruckners. Ein musikhistorischer Fund. Neues Wiener Journal, 12. April 1925.

[81] Peter Gülke, Brahms. Bruckner. Zwei Studien. Kassel–Basel 1989, S. 142.

Weiterführende Literatur

Diese Zusammenstellung beinhaltet sowohl ältere, grundlegende Werke, die vielleicht nur mehr in Bibliotheken zugänglich sind, als auch neuere, die über den Handel bezogen werden können.

Max Auer (Hrsg.), Anton Bruckner. Gesammelte Briefe. Neue Folge. Regensburg: Bosse 1924.

August Göllerich / Max Auer, Anton Bruckner. Ein Lebens- und Schaffensbild. 4 Bände in 9 Teilen. Regensburg: Bosse 1922–1937/1974.

Franz Gräflinger (Hrsg.), Anton Bruckner. Gesammelte Briefe. Regensburg: Bosse 1924.

Renate Grasberger, Bruckner-Bibliographie (bis 1974). Graz: Akademische Druck- und Verlagsanstalt 1985 (jetzt: Musikwissenschaftlicher Verlag, Wien).

Renate Grasberger, Werkverzeichnis Anton Bruckner (WAB). Tutzing: Verlag Hans Schneider 1977.

Renate Grasberger (unter Mitarbeit von Uwe Harten), Bruckner-Ikonographie. Teil 1: um 1854 bis 1924. Graz: Akademische Druck- und Verlagsanstalt 1990 (jetzt: Musikwissenschaftlicher Verlag, Wien).

Renate Grasberger / Erich Wolfgang Partsch (unter Mitarbeit von Uwe Harten), Bruckner – skizziert. Ein Porträt in ausgewählten Erinnerungen und Anekdoten. Wien: Musikwissenschaftlicher Verlag 1991.

Karl Grebe, Anton Bruckner in Selbstzeugnissen und Bilddokumenten. Reinbek bei Hamburg: Rowohlt 1972 (= Rowohlts Monographien 190).

Robert Haas, Anton Bruckner. Potsdam: Athenaion 1934.

Andrea Harrandt, Briefe an, von und über Bruckner (erscheint voraussichtlich 1996 im Rahmen der Bruckner-Gesamtausgabe im Musikwissenschaftlichen Verlag, Wien).

Leopold Nowak, Anton Bruckner. Musik und Leben. Linz: Rudolf Trauner Verlag 1973/1995.

Alfred Orel, Anton Bruckner. Das Werk. Der Künstler. Die Zeit. Wien–Leipzig: Hartleben 1925.

Manfred Wagner / Johannes Mayer / Elisabeth Maier / Leopold Kantner, Anton Bruckner in Wien. Eine kritische Studie zu seiner Persönlichkeit. Graz: Akademische Druck- und Verlagsanstalt 1980 (jetzt: Musikwissenschaftlicher Verlag, Wien).

Publikationsreihen des Anton Bruckner Institutes Linz (alle: Musikwissenschaftlicher Verlag, Wien):

Anton Bruckner. Dokumente und Studien
Bruckner-Jahrbuch
Bruckner-Symposion. Berichte
Bruckner-Vorträge

Bildnachweis

Alle Bilder stammen aus dem Fotoarchiv des Anton Bruckner Institutes Linz
mit Ausnahme von
Bild Seite 7 Kurt Prokosch, Linz
Bild Seite 9 Historisches Museum der Stadt Wien
Bild Seite 11 Maximilian Koller, Linz
Bild Seite 81 und 94/95 Österreichische Nationalbibliothek, Bildarchiv, Wien